·漫畫版·

3小時讀懂韓非子

【經典文學中的人才管理之道】

吉田浩 著　早稻田大學教授 渡邉義浩 監修　TsudaYumi 插畫

前言——令和時代必備的領導者「管理術」

流傳了一千年、兩千年的書籍之中，記載了人類的通則。其中充滿經濟學、社會學、心理學等「企業生態系」的相關內容。許多知名的經營者之所以向歷史學習，無非是因為它能為現代的問題提供全面的解決之道。

《韓非子》是由中國戰國時代的法家代表「韓非」撰寫，闡述如何統治國家與人民。作者的名字後面加上的「子」字是對老師的尊稱，因此也稱作「韓非子」。

韓非子活躍於西元前二八〇年到西元前二三三年這段時期。在中國歷史上此時正處於戰國時代，由於周朝王權的沒落，各國之間處於戰事頻傳，弱肉強食的狀態。中國也分裂成為「戰國七雄」，由秦、韓、魏、趙、齊、燕、楚，爭奪統一天下的大位。

韓非子出生於其中最弱小的國家——韓國。而且，韓國的隔壁正是實力強大的秦國。在國家面臨存亡危機時寫下的，就是以法治國的《韓非子》。

舉國動盪時，孔子及孟子主張以「仁」與「德」等善念來安定人心的「性善說」，韓非的師父是儒家的荀子，他則是主張「性惡說」。

人類原本就是容易臣服於誘惑的脆弱存在。治理國家時，若要維持秩序，絕對少不了「法律」。這就是所謂的「法家思想」。

韓非子比荀子更加嚴格，他的思想基礎是「管理人民必需要有嚴刑厲法」。乍看之下，會給人冷酷無情的感覺，但這其實是基於「人需要有後天教育才能學會向善，進而獲得幸福」這樣溫柔想法的反思。

本書配合現代社會現象，將《韓非子》的觀念轉化成「教育部屬的終極管理書」。書中充滿了經營者及管理階層必備的實用管理知識。

從兩千五百年前的書中，就能實際學習到教育職員的方法及提升動力、防止離職的方法等人才管理之術。

令和時代，是戰爭、疫情、物價高漲、異常氣候、網路攻擊等各種前所未有的企業危機不斷襲來的時代。能在這樣渾沌的時代中存活的企業，才能守護職員的幸福。韓非子專注於堅守粗壯主幹的治國思想，作為拯救現代企業的指南，應該能發揮極大的作用。

株式會社天才工場代表　吉田浩

目次

第2章 打開職員的「動力開關」

第3章

預防部屬離職的最強方法

第4章

制定嚴格的規範

第5章

建立不會動搖的「信賴感」

第6章 成功領導者的樣貌

第7章

依部屬特性進行適性管理

第8章

讀懂對方的心

第9章

機智地取勝

第10章

樹立新觀念

※本本書節錄了《韓非子》文章中篇幅較短及較容易閱讀的部分，其餘則以白話文的方式呈現。

第1章

教育部屬的鐵則

不讓人有機可乘

對人應該信任到什麼程度？

◆對人太過信任是會喪命的

作為上司不能太過相信部屬。

許多人才教育相關的知識書中都會提到「信任自己的部屬是很重要的」。不過，韓非子是採取完全的「性惡說」立場。

韓非書寫《韓非子》這本書的背景，是在中國的戰國時代。

一直以來，日本人都是將相互信賴合作視為美德的民族。像這樣幾乎是刻在DNA裡的價值觀，和主張個人主義的歐美社會大相逕庭。因此，即使聽到「不要輕易信任別人」這種話，還是很難坦然接受。

性善說雖然是日本人心中很棒的美德，卻也是個弱點。因為一直和相同的民族保持著互助合作的關係，對於人性的黑暗面沒有足夠的交涉經驗，甚至沒想過可能會被對方背叛或欺騙。

如今已是全球化的社會，身為上司，若對於人性仍抱有天真的想法，在商場上必定會以失敗告終。

就算部屬再怎麼誠實，若是對其完全放手不管，也是有可能會被對方看扁或是反過來利用的。

◆心腹般的部屬也不能大意

「人主之患在於信人，信人則制於人。」（備內篇）

這句話的意思是「信任人是有害處的，一旦信任人就會被別人控制。」在戰國時代，君主因為露出一點破綻就被臣子反殺的故事，可說是家常便飯。

在現代社會也經常會聽聞「信任的部屬將老顧客帶走後，自立門戶」的故事。

信任人是有害處的。
太過信任人，就會被控制。
戰國時代
曾發生過君主因露出破綻，而被臣子殺害的故事。
部屬將老客戶帶走，自立門戶。
明明那麼信任你，竟然背叛我！
日本的經營者太天真了！
錯就錯在太信任部屬。

［太樂觀地相信人，可能會遭人暗算。］

2

確認部屬是否在裝忙

放任職員自主管理是不行的

◆掌握部屬的動向

工作時給予職員一定程度的自主性固然重要，然而對於管理者而言，卻不能只是單純地放權。**作為上司，必須時常確認部屬是否只是在裝忙**。近年來，以新冠疫情肆虐為契機，遠距工作模式快速地普及，上司也因而失去了確認部屬是否正在工作的機會。應該有許多主管都會有「部屬在家到底是在偷懶，還是在工作」的不安吧。

那麼，應該要如何消除這樣的疑慮呢？

在遠距工作的時代，最強力的溝通工具，非線上會議軟體莫屬。定期以視訊進行朝會或一對一的會議，就能確認部屬到底是不是在裝忙。

不過，線上會議雖然能看到彼此的臉，卻還是沒辦法在對談時進行視線交流。因此，對談時可以有較大的動作，或是在對話時頻繁地叫出對方的名字。偶爾安排和部屬當面談話，還是很重要的。**有時候，對工作的熱情和認真程度，只能在工作現場才能傳達出來**。

◆沒有上司的監管，就會有偷懶的部屬

「衛嗣公使人為客過關市，關市苛難之。」

（內儲說上篇）

這句話的意思是，衛嗣公為了確認關口的官吏有沒有認真工作，派臣子裝扮成客商，通過關口上的集市。管理關市的官吏雖然一開始有阻擋，最後被金錢賄賂而輕易放行。他可能以為「沒人看見就沒關係」，但其實已經被衛嗣公看在眼裡。

在上司眼底下總是認真工作的部屬，在無人監管查看時，也可能有令人意外的一面。而像服務業等職種，就特別需要「神祕客」這樣的稽核方式。

衛嗣公
臣子裝扮成一般客商，想通過關所。
以金錢賄賂後，就順利地通過了。
看守的官吏，還以為沒有人看見。
遠距工作因為疫情而逐漸普及。
不曉得部屬們現在在做什麼呢？有好好在工作嗎？
利用線上會議軟體作為溝通的工具。
偶爾安排當面談話，也是很重要的。

在遠距工作的環境中，溝通是非常重要的。

3

將工作全權交出是不行的

交辦工作和放手不管不應混為一談

◆不善管理的上司的悲劇

同期的同事比自己更早升職或許會讓人感到不甘心，但是，應該沒有比職位被自己栽培的部屬取代更加屈辱的事了吧。

在農產品銷售公司任職的K先生，從公司草創時期就負責了業務工作，竭盡全力地為了地方創生而努力。隨著事業順利地發展起來，成員增加，K也在50歲後半接下了業務部長的職位。

公司也發展到業務需要進行系統化的階段，因此重新招募了一位資訊工程師M先生，並安插在K的部門。

而這裡，就是K判斷錯誤的開始。

M提議「整合全國的銷售系統，藉此提升業務工作效率」，K表示「盡量放手去做」後，就下放了管理權限。

接手這項工作的M，和系統開發公司進行交涉後，便快速地建立了銷售系統。

這段時間內，無論是社長、往來的客戶，或是其他部屬，都變得更加依賴M先生。最後K先生竟被調到閒職，業務部長的職位便由M先生取而代之。

那時的K才意識到「疏忽了組織管理，將重要的工作全權交給部屬的自己犯了大錯」，但已經太遲了。

◆下放權限可能會讓部屬得意忘形

「六微：一曰、權借在下。」（內儲說下篇）

韓非子舉出了六個君主對臣子應該有所戒備的隱微情況，其中一個就是「君主將權勢授予臣子」。**臣子一旦被授予權限，便會藉此機會壯大自己的勢力。**

因此，絕對不要將所有的權限開放給部屬。

區域農產品銷售公司。
從草創時期就擔任業務工作的K。
差不多該將業務工作系統化了！
錄取了資訊工程師M。
整合全國的銷售系統，可以讓業務工作更有效率。
很棒的主意！就交給你啦！
K將權限交給M讓他全權處理。
結果K反而被冷落，由M取而代之，成為了業務部長。
得到權限後，臣子便會藉此機會壯大自己的勢力。

授予權限後，還是要確實地進行管理。

不要洩漏機密

重要情報可能在不知不覺中外流

◆小心在酒席間「將祕密脫口而出」

無論是對多麼信任的部屬，都不能將企業的祕密情報說溜嘴。因為敵人可能不只在外部，公司內或許也有內鬼。

此時，心中或許會有「竟然不能對任何人展露真心」的想法。但是，領導者本來就是孤獨的。

對於剛入職的部屬，決大多數的主管都會選擇比較謹慎的方式對待。不過，問題通常都出在已經合作很多年，並與部屬建立人際關係的時候。

「一開始以為是個沉默寡言的傢伙，沒想到竟然會默默地幫助同事，真是個好人呢。」

當部屬在心中的評價像這樣越來越高時，很容易不小心想著「如果是他，應該什麼都能聊吧」，機密的情報也就順勢脫口而出了。

最危險的，還是有喝酒的宴席。應該不少人都有和部屬小酌之後，於微醺之際不小心將祕密脫口而出的經驗吧。

德國詩人——弗里德里希・席勒曾經說過：「酒不能發明什麼，只會抖出祕密而已」。喝酒的人，應該將這句話引以為戒。

◆洩漏機密而導致計畫失敗

「夫事以密成，語以泄敗。」（說難篇）

韓非子的意思是，「政事的計劃需要祕密進行才能順利推展。一旦外洩，就會失敗」。

日本人常將「羈絆」和「恩義」等詞彙帶入商務場合，期待大家能成為共同體，一起努力。這雖然是個很棒的概念，但是不應該連公司的機密都和所有人共享。

身為領導者，應該要死守公司的機密。

酒不能發明什麼，只會抖出祕密而已。
德國詩人
弗里德里希・席勒
酒席之間，不小心對部屬透漏機密情報。
不要告訴別人哦…
情報對外走漏。
沒想到那傢伙竟然會說出去…我那麼信任他！
無論是怎樣的部屬，都不能交心。
真寂寞啊~
領導者本來就是孤獨的。

為了守護身為領導者的節操，只能維持孑然一身。

5

善用糖果與鞭子

培養上進心與責任感的管理方式

◆以讚美及考驗培養部屬

要讓部屬獨當一面，就必須在栽培過程中善用糖果與鞭子的技巧。

舉例來說，部屬在工作上有好表現時，在眾人面前予以表揚，就是給了「糖果」。在同事的面前受到稱讚後，這位部屬一定會更有工作的動力。

雖然有些人可能會擔心「周圍的人不會因此找他麻煩嗎？」不過，可以確定的是，其他職員也會知道做哪些事可以被表揚，而燃起鬥志。

若想宣揚某件事，也可以透過稱讚達到效果。

那麼，「鞭子」又是指什麼呢？例如，讓部屬積極參加主管研習等場合，可以提升他們的士氣。近來的年輕職員若沒有接受一點考驗的話，很容易出現「自己不用升遷也沒關係」的想法。因此，對他們賦予一點責任感，也是個有效的辦法。

不過，糖果和鞭子的使用方法不對，也可能造成反效果。像是在奇怪的時機發獎金，就會讓這件事變得理所當然。或是給予過多的考驗，部屬也會感到疲累。因此，負面效果也必須充分考慮清楚。

◆表揚功績，懲罰過錯

「明主之所導制其臣者，二柄而已矣。」（二柄篇）

這句話的意思是「部下會害怕懲罰，並為獎賞而開心，都是很自然的事。上位者只要掌握刑與德這兩種權柄，就能自由得控制部下」。

另外，還有一句和糖果與鞭子相似的話，就是「信賞必罰」。意思就是有功者必賞，有罪者必罰。**曾被譽為經營之神的松下幸之助也曾經說過，信賞必罰是他對於人才教育的心得。**這就是教育部屬的基本道理。

時而給予讚美鼓勵，時而給予嚴格的考驗。

6 不要和部屬太過親近

距離太近的問題

◆謹守上司與部屬之間的界線

上司與部屬之間的界線一旦被打破，就有可能會引起意想不到的爭執，需特別注意。

在醫療器材銷售公司營業一課擔任課長的S先生，某天在孩子的幼兒園家長會上偶遇部屬A先生，才發現原來他們的孩子在同一所幼兒園上學。

S因而向A提出邀請「真是好巧呀！不如這週末就到我家來玩吧？」兩家人一同共進午餐，雙方的孩子也很合得來。

隨著兩家往來變得頻繁，S和A在公司的對話自然也變多了。

不過，其他職員並沒有想到這部分。而是對於「上司和特定部屬特別親近」感到不滿。

某天，A和其他部屬之間發生了爭執。經過事實確認後，發現A並沒有錯。但是在S說出了袒護A的言論時，卻遭到其他部屬的一片撻伐。甚至在單位內造成騷動，演變至需要部長介入調解的程度。最後，S因此被追究責任，調離職位。

◆親近的同伴之間仍有「上下」之分

「參疑之勢，亂之所由生也。」

（內儲說下篇）

這句話的意思是「上下秩序混亂，就是造成內部引發紛爭的原因」。

無論和部屬之間如何意氣相投，上司和部屬之間還是有不能跨越的界線。

必須與部屬保持適當的距離，公平對待所有人，盡量避免引起紛爭。

中小企業營業1課的課長S先生，
和部屬A先生是同一所幼兒園的家長會成員。
雙方家庭往來密切。
每次都對A比較特別…
當A和其他職員發生衝突的時候…
S出聲袒護了A。
其他部屬都對S感到不滿。
連部長也介入調解。
S最後被追究責任，並調離職位。
與部屬往來必須保持一定的距離。

上司與部屬之間有條絕對不能跨越的界線。

職場就是和部屬對抗的場所

應該如何改變部屬的心態？

◆部屬會打混摸魚是有原因的

管理者和部屬雖然朝著同樣的方向看，眼裡卻是不同的景色。舉例來說，上司心裡想的是「要如何讓部屬工作？」部屬想的卻是「要如何打混摸魚？」

部屬會想要打混是有原因的。有些人感覺不到工作的意義和價值，有些人則是力不從心。對於沒有動力的人來說，工作就只是枯燥乏味的作業流程，所以才會「一有空檔就想偷懶」。

若要斬斷這個負面循環，就必須想辦法打開部屬的動力開關。

認真傾聽部屬都因為什麼事情感到開心，並將這件事融入工作之中，就能提升部屬的工作動力。

另外，若想讓部屬能自動自發的工作，讓他們自己安排行程，培養自律習慣也是一個重要關鍵。

單純強化管理，或是精神喊話，是沒辦法矯正部屬想偷懶的習慣的。**改變必須從部屬的心態開始下手。**

◆高層和部屬一天要對抗一百次

「黃帝有言曰：『上下一日百戰』。」（揚權篇）

這句話的意思是，黃帝曾說過「君主與臣子，一天之中要交戰一百次」。

企業高層與部屬的關係也是如此。

由於雙方的立場不同，對抗也是出於無奈。韓非子如果看到一個頂頭上司還在期待自己能和部屬朝個同個方向，像青春熱血的戲劇主角那樣一起努力向前，應該會覺得這個人「真是太天真了」。

我想和部屬相互信任，一起努力向前！
上司和部屬經常是對立的關係。
遠距工作
部屬有沒有好好工作呢？
一有空檔就想偷懶。
如何打開動力的開關？
傾聽職員都是為什麼感到開心。
讓部屬自行安排工作的行程。
養成部屬的自律習慣是很重要的。
ON

打開部屬的「動力開關」，創造雙贏的關係。

試著讓部屬放手去做

什麼都要管，沒辦法培養能力

◆打造讓部屬有發揮空間的環境

養育孩子的時候，如果家長什麼事情都先幫小孩做好了，就沒辦法培養孩子的能力。栽培職員時也是同樣的道理。**上司若總是以自身能力為主導，處處指揮部屬動作，部屬的才能便無法得到成長。**

上司的職責應該是給部屬自由裁量的空間，並且在暗中給予協助。

那麼，具體來說，上司應該要怎麼做才能讓部屬發揮自己的能力呢？

有管理學之父之稱的彼得・杜拉克曾經說過「身為白領階級，所需要的並不是管理，而是自主性」。被賦予裁量權後，部屬才有發揮能力的空間。

杜拉克還說過這麼一句話。

「成功的關鍵在於責任。所有事情都是始於自身的責任感。」

上司不該以自身的想法指導部屬行動，而是應該先讓部屬自行嘗試。部屬先是自己思考應該怎麼做，接著跨越一個又一個的難關，才能確實地成長。

◆藉由培養部屬來強化組織

「是故去智而有明，去賢而有功，去勇而有強。」

（主道篇）

這是韓非子要給在上位者的話，意思是「上位者不需利用自己的智慧便可以明察。不顯現自己的賢能，便可成就大事。而不逞個人之力，才能使組織更加強大」。

原來早在春秋戰國時代，就已經發展出和杜拉克相同的管理學理論。

據說統一中國的秦始皇也經常閱讀韓非子的著作，並藉此統一了戰國時代。

管理學之父
彼得・杜拉克
白領階級需要的不是管理而是自主性。
賦予部屬責任，才能讓部屬發揮他們的能力。
交給你了！
好的！
去做這個！去做那個！
上司不應該把自己的想法強加給部屬。
不逞個人之力，才能使組織強大。

上司的工作是發現部屬的能力，並加以引導及活用。

9

該說的事情，就應該確實傳達

如何依不同對象調整表達方式？

◆依部屬的個性進行指教

常聽說「最近的年輕職員真不好用」。確實是有部屬因為被上司說了重話而離職的情況，這也讓許多主管因而感到困擾，不知該如何應對。

「如果說出來就會讓對方辭職的話，或許不說還比較好。」會有這樣的想法也是無可厚非。但是，**如果該說的話沒有說出來，對部屬也未必是好事。**

那麼，該怎麼樣提醒部屬才好呢？

應對的方式，應該依不同部屬的個性而有所區別。例如，對於賣力工作、行動力高的部屬，要先認可對方表現好的部分，接著再對不好的地方進行指教，這樣對方才不會那麼抗拒。

「A的行動力真的很棒呢！不過，小錯誤太多的話，難得的努力就白費了」。

若是默默努力的類型，耐受度也比較強一點，即使開門見山的說出缺點，對方也能坦然的接受。

「B太在意小細節了，都沒有實際的行動。以你的能力絕對能勝任，可以更積極地嘗試！」

像這樣**根據部屬的人格特質調整說法，既能給予建議又不會打擊信心，相信現今的年輕職員們也能聽進去**吧。

◆賭上性命的諫言

「臣聞不知而言不智，知而不言不忠。」（初見秦篇）

這是韓非子在給予秦王嬴政戰略上的建議時所說的話。

意思是「對事情不了解就給予諫言，是無知且愚蠢的。但是，明知卻不說，就有違忠義之道」。

在那個時代，對君主說話稍有不慎，就會人頭落地。相信韓非子的諫言，也是賭上了性命吧。

最近的年輕職員真難伺候。
稍微說點重話就……
我要辭職。
配合部屬的個性給予建議
行動力高的部屬
先誇獎優點
你的行動力真的很棒！但是有點小錯誤，挺可惜的。
默默努力的部屬
先說應該改進的地方
枝微末節的事情，不用太在意。以你的能力絕對足以勝任，可以更積極地嘗試看看。

依照對方的個性，給予不會打擊信心的建議。

10

對工作過程給予讚許

你的稱讚方式是否會打擊士氣？

◆三種最差的稱讚方式

我們常常說，教育孩子時應該給予讚美。

不過，並不是隨便說些誇獎的話就可以哦。有些稱讚的方式其實並不恰當。

1 誇獎時和其他孩子比較。
2 要求更好的成績。
3 藉由誇獎來控制孩子。

但是，職場上也有許多上司在稱讚時會與其他職員做比較，或是要求更高的業績，並利用誇獎的話語對部屬施壓。

根據美國哥倫比亞大學的實驗顯示，「誇獎孩子的能力及天賦，會帶來負面影響」。誇獎的方向應該著重於「努力」及「已經盡力」。

上司很容易僅對部屬交出的成果給予讚美，但是，重要的不只是結果。

通往結果的過程中，部屬採取的作法也很重要。

對過程給予評價，有助於優化部屬未來的作法，也可以讓其他職員從旁學習。

◆「賞善罰惡」是理所當然的

「善之生如春，惡之死如秋。」（守道篇）

這句話的意思是，對待善行應該要像春天的恩惠那樣給予讚美；對於惡行，則是要像嚴酷的秋天那樣給予責罰。

對於人，對於企業，都是理所當然的道理。

但是，真正能貫徹這個道理的企業，似乎意外地少呢？

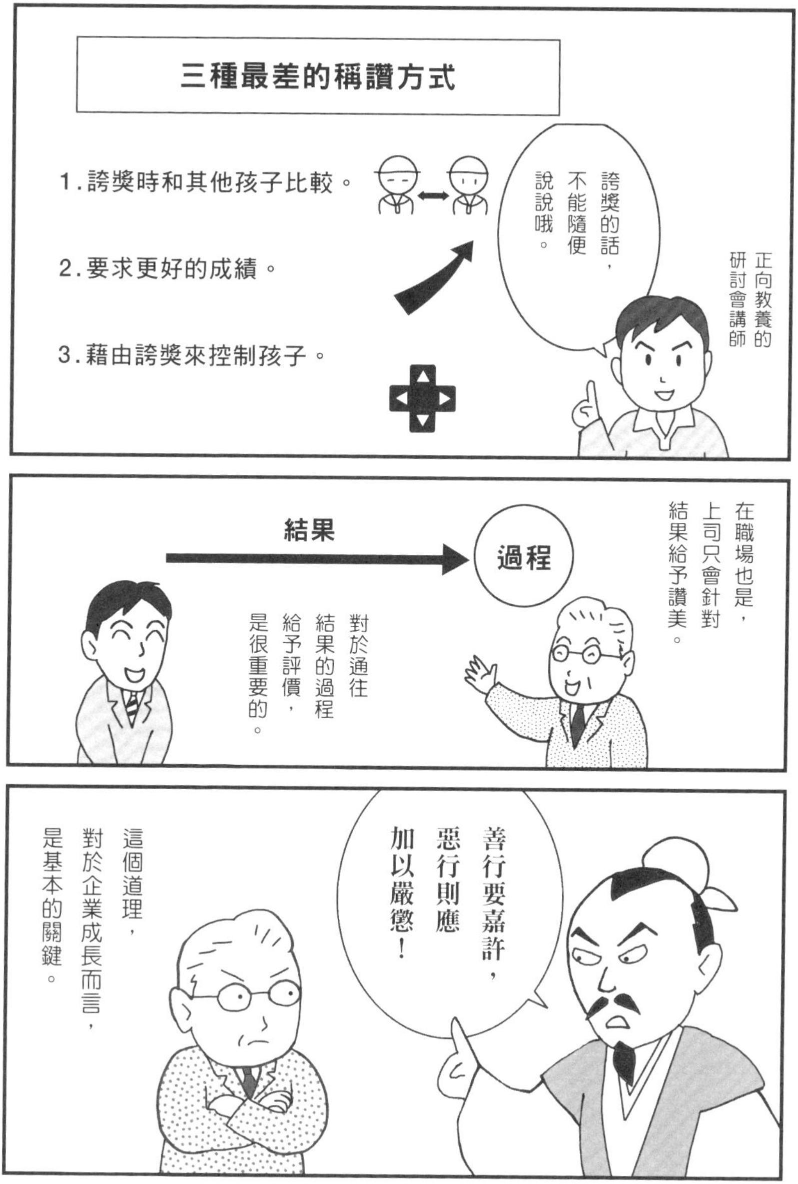
三種最差的稱讚方式
1.誇獎時和其他孩子比較。
2.要求更好的成績。
3.藉由誇獎來控制孩子。
正向教養的研討會講師
誇獎的話，不能隨便說說哦。
在職場也是，上司只會針對結果給予讚美。
結果
過程
對於通往結果的過程給予評價，是很重要的。
善行要嘉許，惡行則應加以嚴懲！
這個道理，對於企業成長而言，是基本的關鍵。

結果固然重要，工作的過程更加重要。

第2章

打開職員的「動力開關」

追求利益

結合個人與組織的利益

◆以高於市場行情的薪資聘請人才

只要是員工，任誰都會希望「薪水可以多一點」吧。相反地，以資方的角度來看，會希望「員工的薪水能壓的比市場行情低一元也好」。

不過，如今因為少子化現象的關係，年輕勞動人口減少，只憑市場行情的薪水，已經無法吸引到好人才。但若以低薪聘用無法產出成果的員工，最終也是得不償失。那麼，究竟該怎麼辦才好呢？

首先，應該以高於市場行情的薪資聘請好人才。當員工獲得滿意的報酬，動力也會隨之提升。這才是重要的地方。

為了培養能為公司帶來利益的員工，**領導者本身必須向員工展現為了創造利益而構建「戰略」和「機制」的能力**。員工也能藉以了解如何才提升自己的薪資，並且要有什麼樣的能力才可以獲取相應的報酬。

◆追求利益是人類的天性

「醫善吮人之傷，利所加也。」（備內篇）

這句話的意思是，醫生治療患者的傷，並不是因為職業倫理，更不是因為博愛的理念，而是希望透過救傷來換取利益。

可能會有人覺得「這種想法太冷酷無情了吧」。事實上，韓非子的格言都是維持同樣冷靜的思考方式。不過，若認為這正是人性的本質，或許更能坦然接受，對吧？

職場上的同事，和家人、朋友不同。**企業本身就是一個為了追求利益而組成的團體**，所以上司和部屬為了各自的利益而行動，也是很自然的。

理解了這一點後，若能建立彼此協力並互相提升的關係，就能打造出最強的團隊。

醫生吸吮病患的傷口。
太感謝，太感謝了！
不需要為此感激，醫生只是為了換取利益才這麼做的。
人都是為了利益而行動的。
經營者會以高於市場行情的薪資錄取好人才。
獲得了滿意的報酬後，員工也會更有動力。
¥
領導者本身必須向員工展現為了創造利益而構建的「戰略」和「機制」。

獲得令人滿意的收入，才能提升工作動機。

安排與能力相符的職務

觀察「職涯」、「個性」、「契合度」三個觀點

◆適才適所的三個因素

若要將部屬的能力活用到極限，就得將他放在可以發揮本領的職位上。

發現部屬的資質，並給予相應的工作，他做起事來一定是活力十足。

讓部屬適得其所的因素，可大致分為三個，就是「職涯」、「個性」、「契合度」。

首先，必須正確掌握部屬到目前為止累積的職涯經歷。

不過，目前的工作內容若與部屬的個性和氣質不相符，是沒辦法將能力發揮到極限的。有些人雖然有長期的銷售經驗，但其實更適合踏實地專注於製作產品的工作。

若有這樣的人才，大膽地讓他轉換職涯，或許更能發揮他的才能。

還有，與同事的契合度也是非常重要的。

即使本身的個性很適合這項工作，但是和上司、同事的想法總是不合，也沒辦法充分地發揮能力。

從上述的三個觀點來仔細觀察部屬，並將他們放在最適合的職位，他們或許就能成為比以往更能發揮實力的人才。

◆為部屬準備與其能力相符的職位

「人臣皆宜其能，勝其官。」（用人篇）

意思是「做臣子的都能發揮他們的才能，勝任他們的官職」。

企業也是相同的道理，上司應該發現部屬的資質，並將其派任至與之能力相符的職位。

這樣一來，全體職員才能增強實力，組織也會有所成長。

讓部屬適得其所的三個要素

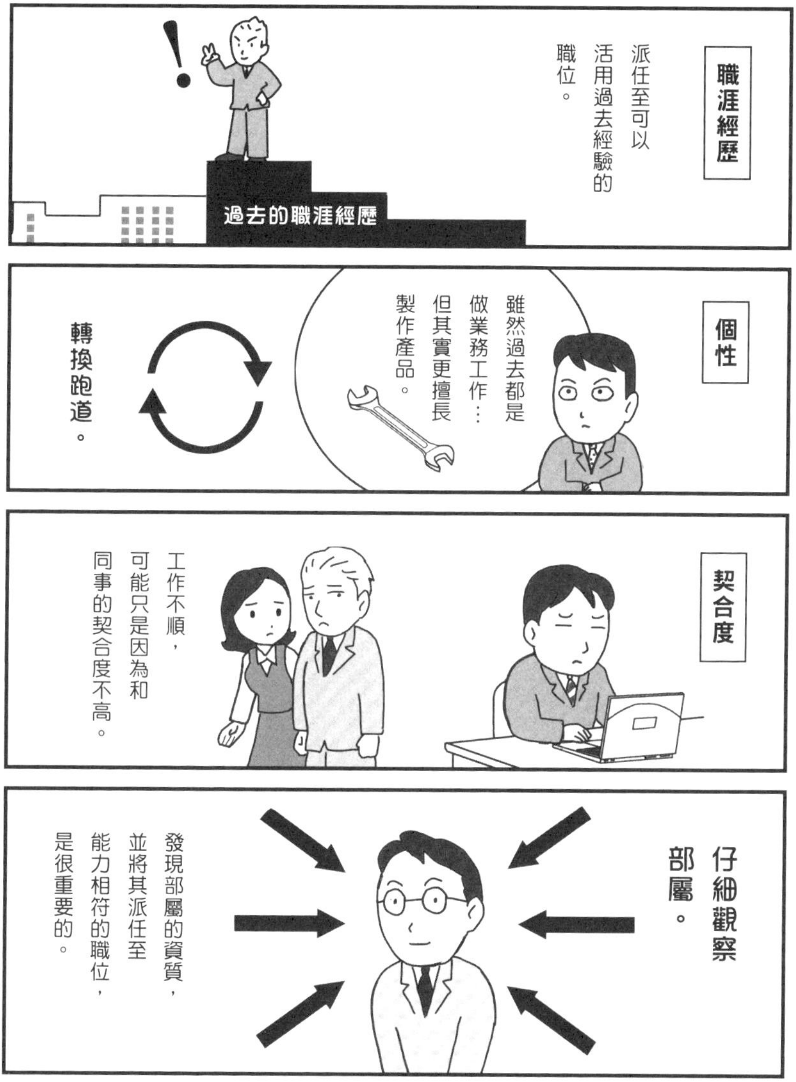
職涯經歷
派任至可以活用過去經驗的職位。
過去的職涯經歷
個性
雖然過去都是做業務工作…但其實更擅長製作產品。
轉換跑道。
契合度
工作不順，可能只是因為和同事的契合度不高。
仔細觀察部屬。
發現部屬的資質，並將其派任至能力相符的職位，是很重要的。

發現人才的本質，將其能力引導發揮至極限。

發現部屬的優點

跳脫容易陷入的「確認偏誤」

◆成為「發現優點」的專家

雖然知道「不應該偏心」，但還是會忍不住對認真、順從的部屬比較好，對沒有幹勁的部屬感到煩躁。

根據美國北卡羅萊納大學的調查顯示，我們從小到老，一旦抱有偏見，就很難改變自己的價值觀。這在認知心理學中，稱為「確認偏誤」。

要如何才能屏棄對人的好惡呢？

停止討厭一個人的其中一種方法，就是寫出對方的優點。**只要是人，就一定會有缺點和優點，這些特質其實都是一體兩面的。**

仔細觀察，一定能發現好的一面。

像這樣轉念一想，原本看似「自大傲慢」的缺點，可以想成是「沒有心機」；「容易得意忘形」的缺點也可以轉換成「活潑開朗」這項優點。**討厭的人其實是可以反映出自己內心的鏡子。讓我們一起變成「發現優點的專家」吧！**

◆不要將喜好表現出來

「去好去惡，臣乃見素。」（主道篇）

這句話的意思是，「在上位者，不能表現出個人的喜好。這樣做的話，底下的人會刻意迎合，隱藏本心」。相反的，若上位者沒有表現出喜好，底下的人就會透露出真心，很容易就能知道對方的想法。

人很容易不小心對喜歡的人笑盈盈，對討厭的人擺出嫌棄的臉色。

但是，身為領導人，是不能這樣做的。

這個道理不僅適用於商務場合，在各種人際關係方面也很受用。

[人的優點和缺點是一體兩面的，
試著找找看部屬的優點吧。]

經常關心部屬

降低士氣的頭號特徵

◆老闆經常外出的公司很危險

老闆和上司之中，經常有人會需要「出差」、「和客戶打高爾夫」，因而不在辦公室。

不過老闆太常外出會讓職員失去緊張感，也無法維持動力。

公司倒閉的老闆，通常有三個特徵。

1對公司的財務狀況一無所知，且獨斷獨行。
2不會到工作現場，對現場不了解。
3重用屈意奉承之人。

進行員工培訓諮詢業務的F公司，因其細心周到的服務廣受大眾好評，自創業以來業績持續有穩定的成長。

但是，從創業第五年開始，社長用賺來的錢在銀座四處飲酒作樂，幾乎不再到公司露面了。原本因仰慕社長而一路跟隨的職員們，自然也因此士氣下滑。

公司內瀰漫著一股「因為公司發展很順利，工作只要隨便做做就可以了吧」的氛圍，原本認真工作的職員感覺公司沒有希望了，便決定離職。

兩年後，原本簽訂年期契約的客戶紛紛決定不再續約，F公司業績也如雪崩般滑落，步上倒閉一途。

◆稍有疏忽可能就會喪命

「離內遠遊而忽於諫士，則危身之道也。」（十過篇）

這句話的意思是「離開根據地去遊玩，會讓自己身陷危險之中」。無論是在戰國時代或是現代社會，稍有疏忽，都有可能因此而喪命。

老闆和主管都不應該停止監督公司，必須時時關心自己的部屬。經常為職員著想，和職員同進退的心情，比任何事都來的重要。

老闆經常外出的公司很危險
老闆呢？
今天也去陪客戶打高爾夫了。
業績穩定成長的新創企業F公司。
老闆在銀座四處飲酒作樂，漸漸地不再到公司露面。
反正現在公司發展也很順利…
只要像平常那樣工作就好了吧。
職員的士氣下滑
積極的職員決定離開。
F公司的業績遽減，最終面臨破產的命運。

身為首腦的老闆若經常外出，會令職員失去緊張感。

15

提升職員滿意度

人都是為了利益而行動的

◆展現公司福利來吸引人才

韓非子曾經說過**「人會為了利益而採取行動」**。對員工有利的事情，將會促進企業的成長。

除了給員工高薪之外，還需要注重職場環境，同時讓公司宗旨（公司的存在意義）深入人心，這些都是很重要的。

越來越多的企業透過設立其他公司所沒有的特殊福利制度，成功吸引到了優秀的人才。

經營生活風格媒體的N公司因應喜歡三溫暖的員工人數增加，便增設了「三溫暖補助制度」。使用三溫暖的部分費用可由公司負擔，在三溫暖設施內用餐也有補助。

製作遊戲、廣告、網路服務等數位內容的K公司則是設有，老闆出差時員工可以跟著去的「小跟班旅遊制度」。這不僅是能和老闆說上話的好時機，如果有想要給老闆的提案，也可以好好表現一番。這真的是其他公司不會有的福利制度。

光是在招募資訊上寫著「小跟班旅遊制度」，就能讓求職者留下深刻的印象。

只要能讓人覺得「會有這種福利制度的企業真有趣！」就成功了。

◆為員工的謀福利，就是為公司謀福利

「故人行事施予，以利之為心，則越人易和。」（外儲說左上篇）

這句話的意思是「人們做任何事，如果都抱著利他的心，無論遇到哪種對象，都能和睦相處」。

這句話也可以套用在企業管理上，**當公司營運以員工利益為出發點，一定就能順利地發展。**

我們只是中小企業，沒有公司福利的籌備經費。
真的是這樣嗎？人都是為了利益而行動的。
具有特色的福利制度，也是種吸引人才的手段。
三溫暖補助制度
因為很多員工喜歡三溫暖，使用三溫暖的部分費用可由公司負擔。
小跟班旅遊制度
老闆出差時，員工可以跟著去。
這趟旅程會是和老闆提案的絕佳機會。
可以直接和老闆對談。

不需要高額的經費，也能提升員工滿意度。

16

傾聽反對意見

什麼是企業成長的必要之物

◆企業需要的不是「會議」，而是「對談」

有些上司在部屬提出反對意見時，會突然發怒。這樣的反應沒辦法培養出員工的幹勁。**反對意見也要認真傾聽，並相互討論到雙方都能接受的狀態，部屬在工作時才會充滿動力。**

彼得・杜拉克提到經營者的條件時，曾經說過「能夠創造成果的人會刻意促成意見不一致的情況。透過這樣的方式，可以避免被看似合理但實際錯誤的意見或不完整的觀點所誤導。」

透過這番論述，也讓人深刻地意識到相互討論的重要性。

有些企業在開會的時候，過程中都只有上司單方面的發表言論。當下其實會散發出一股「不需要別人來多嘴」的無形壓力，貌似沒有想要聽取部屬的意見。部屬也會認為「如果說了反對意見，會在上司心中留下壞印象」，因而保持沉默。

其實，對於企業成長而言，所需的不是形式上的「會議」，而是真正的「對談」。上司和部屬面臨相同課題時可以共同思考，透過相互提出意見的過程，產生共同的理解。這樣才會有團隊之間的信任連結。

此外，**聽取年輕人才的意見，或許能開創前所未有的嶄新計畫呢。**

◆沒有反對者，真的會比較開心嗎？

「莫樂為人君！惟其言而莫之違。」（難一篇）

這是古代君主晉平公在酒席之間透露的心聲，意思是「沒有誰比作為君主的我更快樂的了。只有君主的話沒有人敢違背」！沒有人膽敢反對自己，就是孤獨的君主唯一能體會到的快樂。然而，現代的經營者則應以這句話為戒。

相互討論至部屬理解並認同是非常重要的。

不要自吹自擂

受人尊敬的上司應有的模樣

◆好漢不提當年勇

「我以前在公司的業績可是排名第一的呢！」

「我曾經在一個月內拿到3億日圓的訂單，還拿到了社長獎！」

應該沒有比上司的自吹自擂，更無聊的事了。

剛進入保險公司的H，一邊從旁協助上司I，一邊努力成為獨當一面的業務人員。

I在H犯錯的時候也不會生氣，只是默默地在一旁看著，並在必要的時候給予精準的建議。

某天，H和同時期進公司的同事M一起喝酒聊天時，聊到了上司I。

「你的上司I，原本是職棒的一軍選手哦！以前好像滿活躍的，不過後來好像因傷引退了」。

H聽了大吃一驚。

心想「難怪他的心理素質這麼好」。

和上司一起聚餐的時候，他也不曾拿過往的輝煌事蹟出來吹噓。H因而對自己的上司越來越感到敬佩了。

◆自我吹噓只會降低自己的評價

「有成功立事而不敢伐其勞。」（說疑篇）

意思是說**「即使立了大功，也不因而感到自滿」**。

以「墨菲的心想事成法則」而聞名的著作家約瑟夫・墨菲曾經說過，「只會自吹自擂的人，根本不會發現他在人們心中的評價正在逐漸下滑」。

自我吹噓的人以為可以獲得別人的尊敬，事實上卻會造成反效果。希望大家都能銘記在心。

在保險公司上班的H
上司I先生
上司I不會對犯錯的H發怒，只是淡淡地給予精準的建議。
I好像是前職棒球員哦！只是後來因傷引退了。
不因輝煌的過去感到自傲的I先生…
令人敬佩
沒有比自吹自擂，更無聊的事了。
即使立了大功，也不要因此感到自滿。
只會自吹自擂的人，不會察覺他在人們心中的評價正在逐漸下滑。
約瑟夫・墨菲

無論立下什麼豐功偉業，
若由本人來吹噓，只會顯得尷尬難堪。

公平對待所有部屬

不公平的感受，會讓優秀人才失去動力

◆不帶偏見地對待所有職員

無論哪個員工，都應以公平的態度相待，這對於提升員工士氣是個不可或缺的要件。

在現代社會中，為了防止職場霸凌、道德綁架和性騷擾，勢必少不了對女性員工的言行體恤以及對LGBTQ+群體的關懷。

此外，根據傳統的終身雇用制或職務型雇用制，對應的處理方式也會有所不同。

對於具有各種性格和氣質的部屬，作為上司要做到公平對待，確實是一件非常困難的事情。

首先，希望大家能夠銘記以下三點：

1 不依個人偏好下判斷。
2 不依工作結果下判斷。
3 不要忽視員工的煩惱與不滿。

像評鑑制度這種可以客觀檢視的事項，應盡可能地採納其他員工的意見，努力減少部下的不公平感。

最近也有越來越多企業引進「360度評鑑制度」，由上司以外的部屬、同事及其他部門的職員共同對單一職員進行評分。

透過這樣公平的人事評鑑提升員工滿意度後，員工也會自然地產生更多工作上的動力。

◆公平感是上司與部屬之間的潤滑劑

「賞偷則功臣墮其業。」（主道篇）

這句話的意思是「如果感到不公平，無論多麼能幹的部下，都會失去動力」。

上司與部屬之間的利害關係是處於對立面，不過公平感可以作為兩者之間的潤滑劑。

作為一個上司，應該要努力讓部屬時常感覺到「自己獲得了公正的評價」。

僅憑上司一人，無法給予部屬公平的評價。

給予平等的機會

打造吸引優秀人才的工作機制

◆打造一個人人都能發揮所長的職場

在職場中「公平」和「平等」是提升工作動力的兩大支柱。每個員工都會希望自己的努力可以換得升職或加薪。打造出這樣的環境後，才能讓部屬們充分發揮自己的能力。

日本企業從過去開始，就一直存在著男女不平等的問題。女性生產後需要申請育嬰假，接著要再復職，通常都只能採取縮短工時的工作模式。

像這樣步入「媽咪軌道」，因而脫離升職路徑的女性其實不在少數。不過，在日本還是有些企業建立了領先全國的完善育兒制度，以及讓女性能夠充分發揮才能的制度與機制。

在櫪木縣經營人力派遣事業的C公司，100%的女性職員都有申請育嬰假，而且所有人復職後都能被派任至期望的勤務體系。申請育嬰假對於該公司來說已經是根深柢固的企業文化，所有人都能相互照應，分擔彼此的工作。一直以來以男性為主的工業業務團隊改為全女性的組成後，團隊因其耐心及韌性而獲得高度評價。

消除了性別不平等的問題後，公司也因此成功獲得了優秀的職員。期待未來也能打造出銀髮族及身心障礙者都能發揮所長的職場環境。

打破常識，往往能拓展更多的機會。

◆驍勇善戰的將軍，也曾是一介小卒

「猛將必發於卒伍。」（顯學篇）

這句話的意思是「驍勇善戰的將軍，原本也曾是一介小卒」。在現代企業也是同樣的道理，**只要給予每個部屬平等的機會，一定能從其中培育出閃耀著光芒的優秀人才。**

生產後，申請育嬰假。
復職後轉調至工時較短的職務。
媽咪軌道（Mommy Track）
被排除在升職路徑之外。
人力派遣公司C
女性育嬰假申請率100%，且復職後都能被派任至期望的職務體系。
消除性別落差，打造平等的職場環境。
驍勇善戰的將軍，也是出身於一介小卒之中。機會必須平等地給予。

任何一個族群之中，都有可能培育出優秀的人才。

20

交代困難的工作

判斷應該將什麼工作交給誰

◆工作可以讓部屬成長

「工作獲得的報酬就是工作哦！」

這是索尼創辦人——深井大，在《文藝春秋》發表過的言論。

在一名極其優秀的部屬完美地完成工作時，若對他說出「真厲害！」這種稱讚的話，對方應該會選擇離職吧。

因為，優秀的部屬可能會認為「憑這點程度就能被稱讚，在這樣的公司沒辦法獲得成長」。

對於表現優異的部屬，可以積極地交辦困難的工作。人是可以在工作中成長的。

還有，身為上司，不要把工作都攬在身上，應該盡可能地讓部屬親身體驗。

這樣一來，部屬也能藉此學習到如何管理，對公司有利而無害。

經驗豐富的上司，工作速度一定比部屬還快。但是，將全部的工作攬上身，最後只會讓自己忙不過來，也無暇顧及重要的員工管理事務。

上司的工作在於如何選擇適合的部屬，並巧妙地將課題這顆球傳遞出去。重點應在培養部屬。

◆最難的工作應該交給誰？

「任人以事，存亡治亂之機也。」（八說篇）

這句話的意思是，「將工作任命給什麼樣的人，將能左右一個國家的存亡」。不把工作交給愚蠢的人，而是將更多的工作分配給那些能夠創造卓越成果的臣子，便是十足韓非子風格的冷酷手法。

當時的君主可能因為些微的判斷失誤而喪命，會這樣做事也是無可厚非的。對韓非子而言，無法做到適才適所的公司都「太天真了」。

上司不要將工作全部攬上身
WORK
應該交給部屬，讓他們累積實戰經驗。
WORK
上司的工作，是管理及培育部屬。
工作交付的對象，可能影響一個國家的存亡。
覺得沒有用處，就應該果斷放棄。

上司的工作，是如何巧妙地將課題這顆球傳遞給部屬。

第3章

預防部屬離職的最強方法

傾聽對方的意見

聽人說話的人也有好處

◆有人願意傾聽就很令人開心了

松下電器的創辦人——松下幸之助曾經說過，「傾聽部屬的心聲是很重要的。聽聽部屬說話，會有不得了的收穫哦！」

聽部屬說話時要採取上身前傾的姿勢，一邊看得對方的眼睛，一邊點頭。有不懂的地方，就要發問。

對部屬的言談充滿興趣地提問時，對方會有「被人信賴」的感覺。

「驅使人行動」真的是很困難的一件事。

有些人在面對意見不合的部屬，或是無法以自身經驗理解的部屬時，容易不小心陷入說教模式。

但是，這樣是沒辦法驅使人行動的。**應該要先傾聽部屬的意見，建立起信賴關係的基礎，再來發表自己的意見。**

提問時，即使部屬沒辦法完美地答覆，還是可以多方嘗試其他詢問的方法。得到令人滿意的答覆時，就豪不猶豫地給予讚美吧！這樣一來，部屬一定會想著「希望下次能回答得更好」。

若上司平時都有認真傾聽部屬的話，當遇到危急時刻需要協助時，部屬也會願意出手相助的吧。

◆信任部屬的能力並加以培養

「內不量力，外恃諸侯，則削國之患也。」（十過篇）

不願相信並培養部屬的能力，而選擇雇用外部人員來應對的話，最終這家公司將會失去活力，逐漸走向萎縮。

真正能成為戰力的，是熱愛公司且尊敬老闆及上司的職員。平常就應該要和部屬展開對話，花點心力帶動職員的工作動力。

松下幸之助會認真傾聽部屬說話。
傾聽部屬的心聲，會有不得了的收穫哦！
傾聽時，看著部屬的眼睛。
點頭
嗯嗯
我也能幫上公司的忙！
充滿動力！
信任部屬的能力，並加以培養。
幹勁
幹勁
平常就要好好的和員工對話，花點心力激發出幹勁！

在說教之前，更應該重視信賴關係的建立！

22

不要隨口敷衍

什麼樣的話語才能讓人感受到誠意？

◆即使口拙，仍應真誠地對待部屬

曾經有位朋友拜託我幫忙主持婚禮。

「比起專業人士，一般人的主持感覺更有溫度」因為朋友的這番話，我也接下了這個任務，且留下了特別的回憶。

雖然主持的七零八落，但是結束後還是有許多人鼓掌喝采。朋友的家人甚至對我說「這是我參加過最棒的一場婚禮！」我聽到都落淚了。

在工作中，上司的認真態度也會傳達給下屬。即使處理方式不夠嫻熟，但誠心誠意地對待才是最重要的。

如果只是藉由表面工夫巧妙地利用部下，絕對無法獲得良好的結果。一旦雙方關係產生裂痕，最後就有可能走向離職一途。

對於接下來可能要共事好幾年的部屬，雙方的關係不應該僅流於表面。

若要和部屬以誠相待，最重要的就是成為「值得信賴的上司」。為此，更應該認真傾聽部屬的意見與煩惱。

關鍵在於關注部屬的工作與生活平衡以及工作上的成就感，並共同思考如何提升雙方的滿意度。

◆展現真心，藉以培養信賴關係

「巧詐不如拙誠。」（說林上篇）

意思是「花言巧語不如笨拙有誠意」。

雖然可能不善於言詞表達，但是為人著想的話語，對方一定能感受的到。

人與人之間的信賴關係，便是從真心之中逐漸孕育而成的。

受託主持朋友的婚禮。
因為不熟悉，主持得七零八落。
但是，最後還是獲得了掌聲及喝采。
這是我參加過的婚禮之中，最棒的一場！
花言巧語，不如笨拙卻有誠意的話語。
表達方式或許笨拙，但是真誠的話語，對方一定感受的到。
工作上也一樣，儘管笨拙卻真誠地對待部屬，這才是最重要的。
誠意

成為值得信任的上司，才能和部屬之間建立起信賴關係。

23

給予令人滿意的薪資

留不住人和留得住人的公司

◆年收入越高，對職場的滿意度也越高

有些企業總是盡可能地藉由壓低薪資，減少人事成本，來增加利潤。被低薪苛待的部屬會認為「在這種沒有發展性的公司待不下去了」，結果都是匆匆地離去。

相反地，**沒有人會離開具有發展性，收入又令人滿意的公司**。日本的人力仲介公司「en world Japan」在二〇二一年對登錄會員進行了「職場滿意度調查」，在回答「非常滿意」的比例，在年收入500萬日圓內的族群中占８％。年收入在800～１０００萬日圓的占11％，２０００萬日圓以上的占25％，這項結果顯示出，年收入越高，對職場的滿意度也越高。高薪又舒適的工作環境，不會有人想放棄的。此外，企業能不斷挑戰新事物並持續成長，且提供完善的福利制度和良好的工作環境，讓員工能夠長期工作，這些都是非常重要的。

還有，提升工作生產力的要件是「心理安全感」。這是由哈佛商學院的艾美・艾德蒙森教授所提出的觀念。

根據Google的調查，「團隊成員在能夠自由發表意見及行動時」才能發揮最佳表現。**心理安全感低落的公司，生產效率也不高。**

◆「金錢面的安心感」與「心理安全感」

「夫安利者就之，危害者去之，此人之情也。」

（姦劫弒臣篇）

這句話的意思是「人會往安全且能獲得利益之處去，並遠離危險且有害的地方」。這句話確實是韓非子風格的冷酷教訓，但也精準地點出人類的本質。

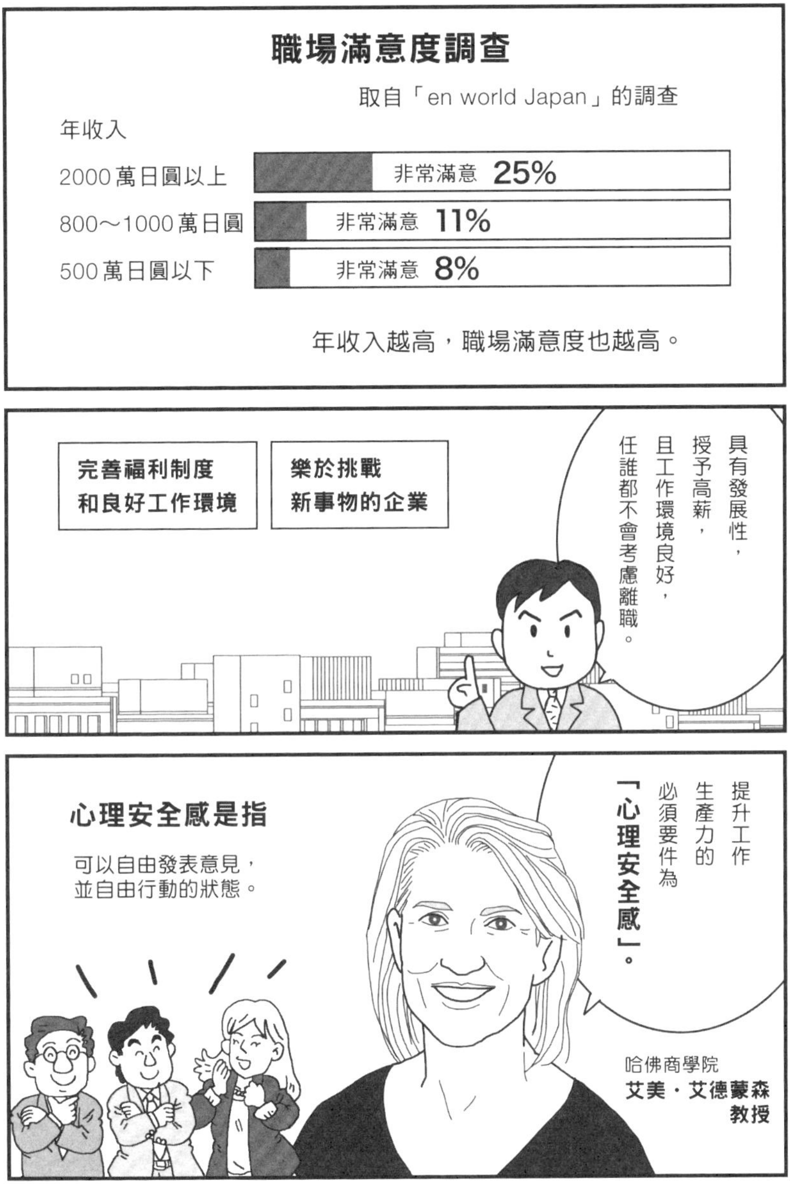
職場滿意度調查
取自「en world Japan」的調查
年收入
2000萬日圓以上 非常滿意 25%
800～1000萬日圓 非常滿意 11%
500萬日圓以下 非常滿意 8%
年收入越高，職場滿意度也越高。
完善福利制度和良好工作環境
樂於挑戰新事物的企業
具有發展性，授予高薪，且工作環境良好，任誰都不會考慮離職。
心理安全感是指
可以自由發表意見，並自由行動的狀態。
提升工作生產力的必須要件為「心理安全感」。
哈佛商學院
艾美・艾德蒙森
教授

壓低人事費用，會讓員工離開公司。

不要差別待遇

時常保持一視同仁的態度

◆對於犯錯的員工，要確實給予責罰

因為上司的偏心讓人厭煩，最終導致部屬離職的情況並不少見。在食品公司擔任銷售人員的E，也曾因為上司S的偏心而感到煩惱。S對於與E同期入職的T總是親切地應對，對E的態度卻非常嚴厲。

某天，T搞錯了要出貨給客戶的商品，惹出了大麻煩。儘管這是會影響到客戶業績的嚴重問題，S仍對T說了「每個人都有犯錯的時候，以後多注意就好！」這樣安慰的話。

但是隔天，E提交給上司S的資料中缺了一部分，卻被大聲怒斥「這種漫不經心的態度，會鬧出大事的！」並接著不斷地說教。

這讓E的內心非常受傷。

「跟隨這種上司，我會繼續默默掉淚。」

於是E馬上寫了辭職信，就這樣離職了。

即使只是些微的偏心，日積月累卻可能成為部屬離職的關鍵。**無論是私心多麼喜歡的部屬，犯錯時仍要確實地給予懲罰，才不會讓其他部屬感到不公平。**

◆不能展現出「喜歡、討厭」的態度

「太山不立好惡，故能成其高。」（大體篇）

太山（泰山）是位於中國山東省的一座山。韓非子的意思是「太山沒有好惡之分，接受了各種土壤才能成為這樣的高山」。

在態度上明顯表露出「喜歡、討厭」的上司，顯然無法擁有光明的未來。

一旦感受到不公平，部屬便會決定離職。

25

不要輕信阿諛奉承

不要喪失自己的判斷基準

◆奉承的話對工作的進行沒有幫助

日本求職網站「Rikunabi NEXT」針對100位具有轉職經驗的求職者進行了離職原因的調查，其中排名第一的原因是「不喜歡上司、經營者的工作方式」占了整體的23％。

在部屬之中，也是有些八面玲瓏的人，總是會對上司的言論阿諛奉承。

被人奉承討好之後，沒有人會覺得不開心，甚至會對其較為偏心。然而，上司的態度，也被其他部屬看在眼裡。

接著，**當大家了解到「這個上司很容易討好」便會因此而看輕他。對於工作逐漸失去責任感。**

這樣一來，容易討好的上司身邊，就只剩下討厭上司的部屬，以及刻意迎合上司的部屬了。

那麼，如果希望不要被部屬的刻意討好誤導，該怎麼做呢？

1 維持自己的節奏，不要因討好而被牽著鼻子走。
2 探究部屬刻意討好的原因，以防對方趁機占便宜。
3 即使被刻意討好，也不因此接受對方的請託。小心別被部屬利用了。

◆小心居心叵測的部屬

「凡姦臣皆欲順人主之心。」（姦劫弒臣篇）

這句話的意思是，「居心叵測的臣子，通常會順從君主的意志」。

看似順從的臣子，在獲得君主的信任後，便會依照自己的意志行動。奉承討好的話中，大多都是「好厲害」、「不愧是你」、「令人驚艷」等稱讚的語句。

若在部屬的對話中出些這些字句，請先深呼吸，回過神來好好想一想。

不要輕信部屬的阿諛奉承
好厲害！不愧是部長！
部長真的很容易討好耶⋯
會因此被部屬看輕。

該怎麼做，才不會被刻意迎合的話語誤導？

1 維持自己的節奏

不因此而得意忘形。

冷靜

2 探究部屬的意圖

避免被對方趁機占便宜。

本意為何？

3 不因此接受請託

避免被部屬利用。

不要因此得意忘形，要如常做出客觀的判斷。

26

留意假資訊

情報來源是哪裡？

◆負面流言會在公司內瞬間傳開

員工之中，有些人會為了打擊對手而散佈毫無根據的謠言。

作為上司，必須時刻警惕，避免被這類部下的詭計所欺騙。

在不動產公司擔任業務的M小姐以細膩貼心的服務贏得客戶的心，經常保持業績的首位。而同部門的B小姐，則是採取相當強勢的銷售方式。雖然每月都能達到一定的業績，但從未超過M的數字。好勝的B因為嫉妒M，打算不擇手段奪取業績冠軍的位置。

某天，職場中傳出了M與上司有婚外情的謠言。這完全是無中生有的事情，但謠言迅速在公司內部傳開。

當M追查謠言的來源時，發現竟是B所為。M也因為同事們投來的冰冷視線而感到受傷，即使想與上司商量此事，卻因謠言的對象正是上司而作罷。最後，M因為無法忍受，只能選擇離職。

上司在得知M離職的真正原因後，勃然大怒地與B對質。然而，事情已經無法挽回，優秀的M也無法再回到公司。

◆事發之後再採取對策就太遲了

「叔向之讒萇弘也，為書曰。」（內儲說下篇）

晉國的叔向為了殺害周國的大臣萇弘，捏造了虛假的書信來欺騙周王。結果周王落入圈套，將萇弘誤認為叛國者並處死了他。

對於部屬而言，也是相同的情況。等到他們離職後才試圖挽回，往往已經太遲了。

被不實謠言陷害，因而請辭的部屬是存在的。

以職務調整迴避離職

協助部屬調整職涯規劃

◆以職涯轉換作為防止離職的對策

在現今的日本企業中，年輕人的離職已成為一大問題。即使是上市公司，也有三成的員工在工作三年內辭職。

如果公司能讓經過三年培養的員工成為儲備幹部，那企業便能持續成長。反之，若員工離職，公司將面臨巨大的投資損失。當部下提出「我想辭職」時，首先應該建議他們在公司內嘗試進行職涯轉換。

飲料製造商中擔任業務職務五年的Ｙ，心中突然產生了這樣的疑問：「我就這樣一直擔任業務工作，是對的嗎？」本身就充滿創意想法的Ｙ，比起追逐業績的數字，更適合從零到一產出創意的工作。

經過一番苦惱後，Ｙ向上司坦誠，說出了自己的想法。上司對Ｙ一貫認真負責的工作態度深感欣賞，於是這樣對Ｙ說：「我們公司有內部公開招募制度，如果你有想從事的職務，可以申請部門轉調喔。」

聽了這番話後，Ｙ立即查看了內部招募公告，發現企劃部正在招募員工。「企劃部正是我所期望的類型，而且可以活用我在業務方面的經驗。」於是他立刻提出申請，並很快地被錄取，成功實現了在公司內的職涯轉換。

◆人人都有特殊的才能

「材者有所施。」（揚權篇）

這句話的意思是「任何人都有可被利用的價值」。有人認為「自己是沒有什麼能力的人」。但這絕對不是事實，**每個人都有其特殊的才能，只是自己尚未發現而已。**

如果通過職涯轉換找到適合自己的職種，便能如魚得水般發揮實力，開始大放異彩。

建設公司的業務員Y
比起業務工作，自己更適合需要創意的工作。
要不要轉職呢～
與上司坦承並商量。
公司不能失去像你這樣優秀的人才。
我們有**內部招募制度**或許可以轉換到期望的單位哦！
Y應徵了企劃部，且成功地實現職涯轉換。
人人都有可被利用的價值。
若能發揮所長，便能如魚得水般，開始大放異彩。

在公司內部調職，可以拓展發揮長處的新領域。

小心「狡猾的部屬」

不要搞錯「優秀的人」和「耍小聰明的人」

◆不容許使用卑劣手段的部屬

在工作中，講求的是高效率地「靈活應對」，但有些人卻誤解這一點，以「投機取巧」的方式謀取利益。

這樣的員工必須多加警惕：

1擅長討好上司。
2沒有好處就不行動。
3精於算計、擅長使用壞點子。
4將失敗推給他人，自己不負責任。
5陷害他人，且毫無罪惡感。

這種狡猾的部屬非常擅長討好上司，因此他們的惡劣行為往往難以被識破。

他們對地位高、有權力的人絕不會違逆，並懂得如何表現以獲取上司的好感。

這些人之所以能獲得上司賞識，甚至升遷，是因為他們精於算計，時刻盤算著「做什麼事對自己有利」，所以只會在能獲得好處的時候行動。由於結果看似亮眼，上司容易誤以為他們「總是能交出成果」。

若是聰明卻狡詐的部屬，又特別糟糕。他們不僅會影響部門運作，甚至會拖累整個公司的發展。

◆部屬失去動力便是公司的終結

「故主必欺於上，而臣必重於下矣，此之謂擅主之臣。」（姦劫弒臣篇）

當有這種欺矇上位者，並以賄賂取信於重臣並獲得提拔的人時，周圍的人們便會覺得「認真努力工作根本毫無意義」。

若讓這種情況持續下去，企業也將逐漸走向末路。因此，**上司必須具備銳利的洞察力，精準識破部下的卑劣手段。**

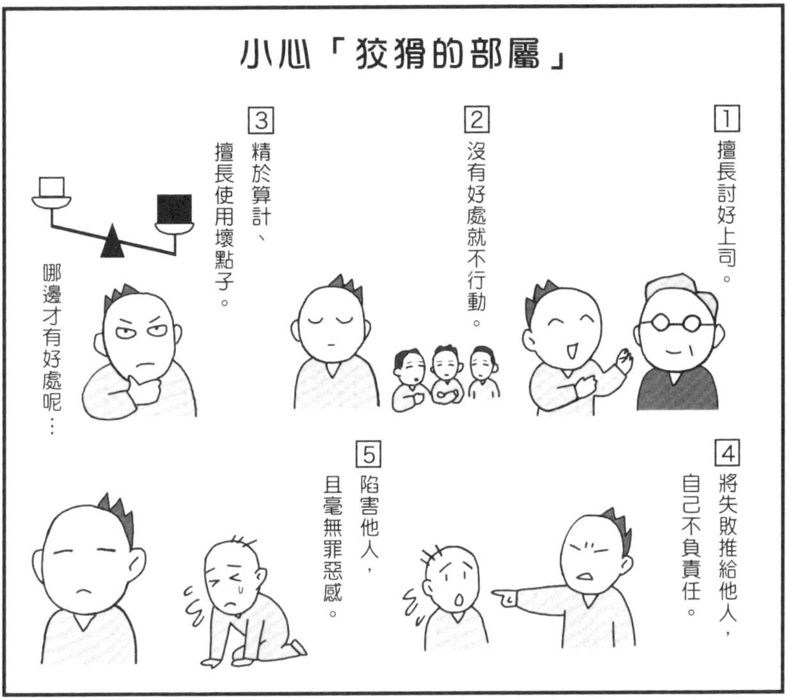
小心「狡猾的部屬」
1 擅長討好上司。
2 沒有好處就不行動。
3 精於算計、擅長使用壞點子。
哪邊才有好處呢……
4 將失敗推給他人，自己不負責任。
5 陷害他人，且毫無罪惡感。

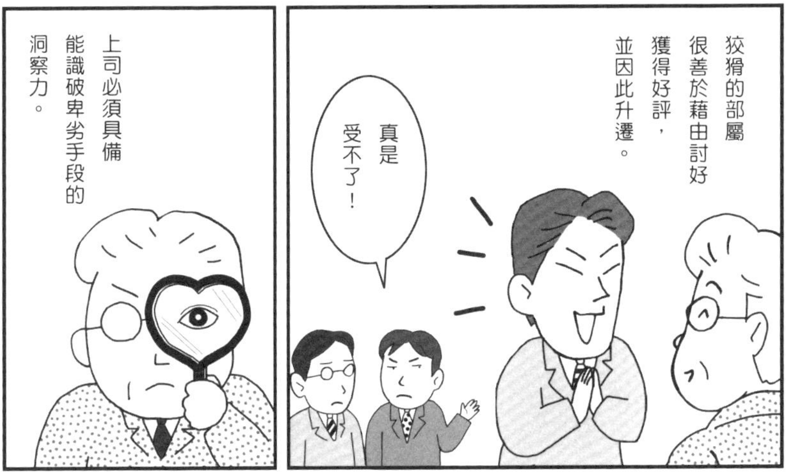
狡猾的部屬很善於藉由討好獲得好評，並因此升遷。
真是受不了！
上司必須具備能識破卑劣手段的洞察力。

上司必須具備能識破卑劣手段的洞察力。

保持平常心

優秀領導者的心理狀態

◆控制負面情緒

為能確保部屬不會離職並持續保持高度的工作熱情，領導者本身的心理狀態是非常重要。

被日本球迷暱稱為「拉米醬」的前職棒選手亞力克斯・拉米瑞茲曾說過，**「所謂強大的心理素質，就是能一直保持在穩定的狀態」**。

拉米瑞茲加入養樂多隊後，在第一年便帶領球隊奪得聯賽冠軍。之後，他更創下了多次榮獲全壘打王、打點王及最多安打等佳績。其強韌的心理素質，正是建立於平常心之上的表現。

要保持平常心，必須學會控制負面情緒。當面對令人不愉快的話語時，如果將怒氣或煩躁等負面情緒表現在臉上，就不適合擔任領導者的角色。但這並不意味著需要壓抑或隱忍，而是要巧妙地控制這些情緒，讓自己始終處於中立的精神狀態。

近來受到矚目的一種方法是將意識集中於感官的「正念」。例如，將手用力握拳再完全張開，僅僅是關注手部的感覺，也能讓精神恢復至中立的狀態。

◆時刻保持平穩的精神狀態

「恬淡平安，莫不知禍福之所由來。」（解老篇）

優秀的領導者正因能在任何情況下保持冷靜平和，才能在突發事故或問題中展現強大的應對能力。

反之，容易心神不定或情緒起伏的人，就不適合擔任領導的角色。

對於心理素質較弱的人來說，首先要學會的是控制情緒的技巧。

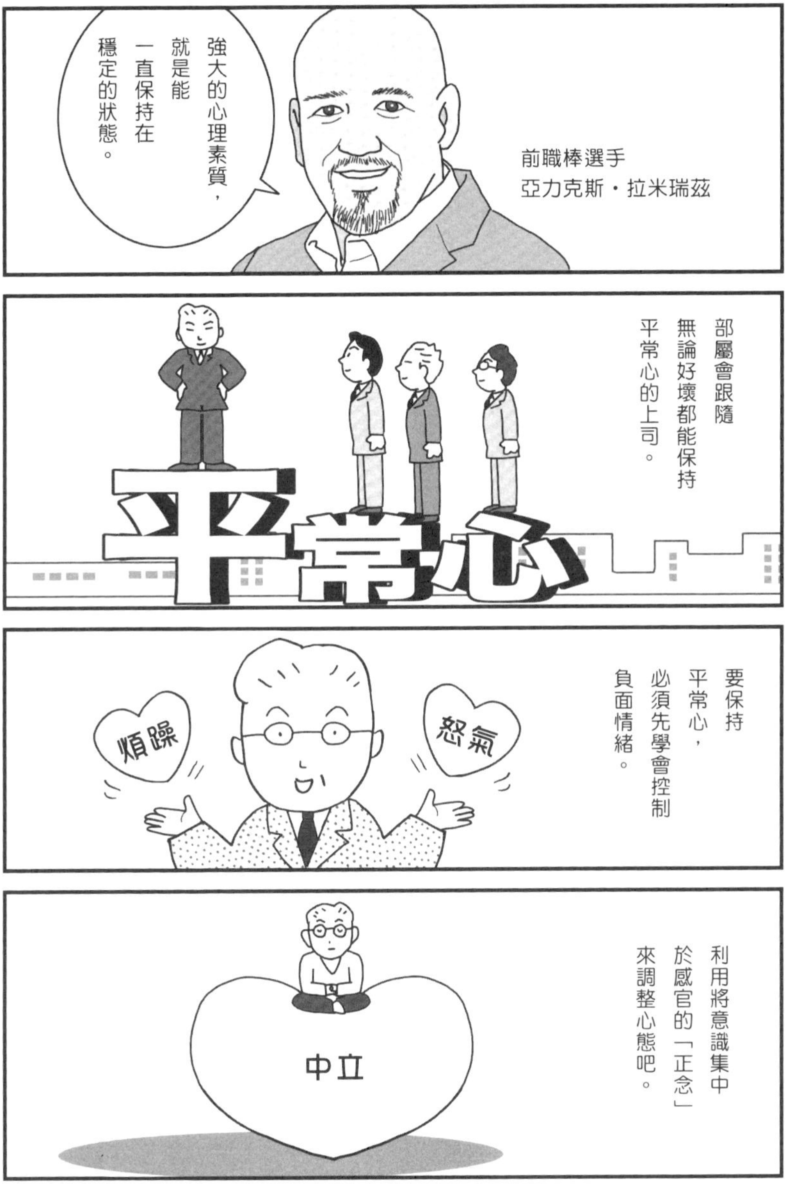
強大的心理素質，就是能一直保持在穩定的狀態。
前職棒選手
亞力克斯・拉米瑞茲
部屬會跟隨無論好壞都能保持平常心的上司。
平常心
要保持平常心，必須先學會控制負面情緒。
煩躁
怒氣
利用將意識集中於感官的「正念」來調整心態吧。
中立

[心理素質強韌的人，時常保持平常心。]

透過企業福祉獲得幸福

未來社會所需的管理方式是什麼？

◆持續雇用優秀員工並不容易

制定明確的經營策略，是防止離職的最佳方法。給予優渥的薪資，卻因工作過於繁重而損害健康，就沒有意義了。

管理學大師彼得・杜拉克曾留下這樣的名言。

「在未來的社會中，最具挑戰性的事情是如何吸引並長期留住優秀的知識型勞動者，招募與雇用需要採用行銷的思維。」

那麼，究竟該如何進行管理呢？

近年來，聚焦於員工「身體、心理以及社會健康」的「幸福感」概念越來越普及。《幸福企業的構建方式：ＳＤＧｓ時代的幸福經營教科書（幸せな会社の作り方ＳＤＧｓ時代のウェルビーイング経営の教科書，暫譯）》這本書中寫道，**讓員工持續幸福，是企業的使命**。

企業需要認真思考如何發揮員工的才能，並讓他們在工作的同時也能感到滿足。同時，公司本身也必須具備吸引力，讓員工產生「想為這家公司努力」的動力。如果企業擁有明確的理念和願景，致力於為社會做出貢獻，員工自然會心甘情願地追隨。

◆單憑情義難以留住人才

「仁之為道，偷樂而後窮。」（六反篇）

冷靜觀察人性本質的韓非子指出，僅憑義理人情並不足以驅動人心。這種方式或許可以帶來一時的安定，但最終必然會走入困境。

終身雇用制的時代已經結束。**未來，企業必須更加努力，才能留住優秀的人才。**

幸福企業
讓員工持續幸福，是企業的使命。
在未來的社會中，最具挑戰性的事情是如何吸引並留住優秀的知識型勞動者，招募與雇用需要採用行銷的思維。
彼得・杜拉克
企業致力於為社會做出貢獻，且擁有明確的理念和願景，員工就不會離職。
我願意為了這間公司繼續努力！
僅憑義理人情無法驅動人心。
這種方式或許可以帶來一時的安定，但最終必然會走入困境。
義理人情

採取以員工幸福為出發點的經營方式。

第4章

制定嚴格的規範

不要流於情感

有時候也需要「不帶情感的判斷」

◆因未能退出而全軍覆沒

日本人是一個很重感情的民族，「付出感情」、「情感深厚」、「移情作用」等與情感相關的詞彙眾多，並將以深厚的情感對待他人視為美德。

然而，也有不少經營者因被情感左右而導致公司倒閉的案例。

U先生與過去在大型科技公司工作的兩位夥伴共同創立了一家夢寐以求的科技新創公司。由U擔任負責人，他們從一間公寓裡的辦公室開始起步，事業初期發展順利。

然而，三年後，當他們開始發展一項新事業時，情勢開始變得不太樂觀。銷售額未能如預期提升，讓U為此傷透腦筋。他曾考慮從新業務中退出，但其他創始成員對此抱有強烈的情感。「我們一起努力到了今天，一定要讓新事業獲得成功！」

為此，U沒有調整經營方向，而是繼續在業務不振的風浪中奔走。然而，資金周轉越來越困難，公司最終面臨破產的命運。

「當時被情感左右而繼續經營虧損的事業真是錯誤的決定。如果能更冷靜地判斷形勢，應該及早退出新事業。」U如此反思。**若是在戰場上，錯過了撤退的時機，是有可能導致整支部隊全軍覆沒的。**

◆被情感左右會失去冷靜思考的能力

「愛多者則法不立。」（內儲說上篇）

韓非子認為「情感投入過多，律法（經營）就無法成立。」

身為領導者，絕不能被情感所左右。

為了管理組織，必須貫徹規則，以嚴謹的態度面對一切挑戰。

身為領導者，不能被情感所左右。
必須貫徹規則，以嚴謹的態度面對挑戰。
U和夥伴們共同創立了夢寐以求的科技新創公司。
U先生
三年後因為開展新事業而業績下滑。
我們一起努力到了今天。
一定要讓新事業獲得成功！
既然你們都這麼說了⋯
最終卻面臨破產。
當時被情感左右而繼續經營虧損的事業真是錯誤的決定。

領導者掌握著部屬的命運，必要時必須屏棄情感做出決斷。

制定符合公司風氣的規範

重要的是紀律與自由之間的平衡

◆該抓緊的地方還是要抓緊

如果完全放手讓部屬自行管理，他們真的會為了公司全力以赴嗎？

答案是否定的。**為了防止部屬懈怠，必須讓他們徹底遵守公司的規章制度。**

然而，在強調多元化的時代，如果制定過於嚴苛的規定，可能會讓員工覺得綁手綁腳。因此，根據公司文化適時修改規範也很重要。例如，在不影響工作的前提下，允許員工自由選擇服裝和髮型等。

專注於經營管理諮詢業務的W公司，將每位員工視為企業家，提倡「自行思考並付諸行動」的工作方式。因此，員工可以自由決定如何達成每月目標以及投入多少時間。在這種「人人皆為創業者」的大框架下，將細節交由員工自行裁量，是一種符合現代需求又靈活的內部規範。

但需要注意的是，W公司在工作流程方面設有詳細的規範，以便在最少的工時內實現最大的效益。**根據公司業務需求，該抓緊的地方就要抓緊，該放寬的地方就放寬**。這樣的平衡策略，成功兼顧了員工的滿意度和公司收益的提升。

◆不應過度期待部屬的善意

「不恃人之為吾善也。」（顯學篇）

這句話的意思是「不應期待底層之人，會心甘情願地協助上層之人」。

因此，不能只寄望於人性中的善良，而是應該事先制定規則，防止員工犯錯。

多元化時代
公司內規，該抓緊的就抓緊，該放寬的就放寬。
規範
規範
嚴苛的公司內規，容易綁手綁腳。應根據公司文化制定規範。
服裝自由
W公司將每個員工都視為企業家。
員工可自行設定目標，並決定工作方式。
創業
創業
創業
不過，在工作流程方面仍設有詳細的規範。
START
①
A
②
B
③
④
GOAL

內部規範應根據公司文化及業務內容適時修改。

公司規範越簡單越好

「職場文化」的養成

◆用簡單的規則促進員工自律

許多公司在內部規範中詳細列出了各種注意事項。然而，那些密密麻麻、擠滿小字的規定，往往讓員工望而卻步，根本不願意閱讀。

規則應該是越簡單越好，這樣才能更有效地發揮作用。

雖然工作規則不可避免地會顯得嚴肅，但其實只要不違反法律，內部規範的內容其實是可以自由設計的。**刪除不必要的規則，僅保留核心內容，並將其清楚傳達給員工，就能產生實質效果。**此外，只需將文體從「正式」（である）改為「平易近人」（ですます）的寫法，就能提高易讀性。

內部規則不僅能塑造公司文化，還能提升員工的動力。Airbnb共同創辦人布萊恩・切斯基曾說過這樣的話：

「職場文化越強，公司內部所需的流程就越少。文化強大的時候，你能信任每個人都會做正確的事。這時，人們就能成為自律的創業者。」

與其用繁瑣的規則束縛員工，不如用簡單的規則促進他們的自律，這正是智慧型領導者的策略。

◆制定人人都能理解的目標

「明主立可為之賞，設可避之罰。」（用人篇）

在戰國時代，韓非子就提出了「規則清晰易懂」的重要性，甚至在這樣的細節上提供了精準的建議。

正因為韓非子擁有如此深度的洞察力，讓他的思想穿越時代，成為眾多商務人士的愛讀之作。

擠滿密密麻麻的文字
公司規範
根本沒人會看。
簡潔明瞭
公司規範
精簡的公司規定，更能達到效果。
職場文化越強，公司內部所需的流程就越少。
Airbnb共同創辦人
布萊恩・切斯基
身處文化強大的公司，員工都是自律的。
自律
繁瑣的規則
與其用繁瑣的規則束縛員工，不如用簡單的規則促進他們的自律。

刪除不必要的規則，較能將其清楚傳達給員工。

設定明確的目標

設定讓成員們充滿動力的目標

◆用「SMART」設定目標

若要激勵部屬行動，上司需明確制定每月目標，並將其確實傳達給所有人。僅僅是設立清晰的目標，就能提升員工的士氣，改變職場氛圍。

在設定目標時，「SMART」這個架構是很有幫助的。

【Specific】：以明確而「具體」的文字描述，任何人都能讀懂並理解。

【Measurable】：用「可量化」的數字表達，讓上司和部屬都能判斷目標達成的程度。

【Achievable】：設定現實中「可實現」的目標。

【Related】：確保部門的目標與公司的整體目標具有「關聯性」。

【Time-bound】：明確設定達成目標的「期限」。

在日本的商務場合，經常因「那就這麼定吧！」這類模糊不清的表述而引發問題。

透過SMART架構設定目標，就不會有含糊不清的情況，從而減少執行過程中的問題。

◆鎖定目標再行動

「釋儀的而妄發，雖中小不巧。」（用人篇）

這句話的意思是「漫無目的地射箭，即便不小心射中了，也不能稱為技藝高超之人」。像這種「亂槍打鳥，多打幾發也有機會命中」的工作方式，其實效率極低。

定下明確的目標後，才能有效的放箭。

設定目標的架構 SMART

S Specific 具體
以明確而**「具體」**的文字描述，任何人都能讀懂並理解。

M Measurable 可量化
以**「可量化」**的數字表達目標達成的程度。

A Achievable 可實現
設定現實中**「可實現」**的目標。

R Related 關聯性
確保部門的目標與公司的整體目標具有**「關聯性」**。

T Time-bound 期限
明確設定達成目標的**「期限」**。

應該先瞄準目標，
再有效的放箭。

設立明確的目標，也能提升部屬的動力。

制定工作成果的評斷標準

設立公司共同的願景

◆用「OKR」讓目標與成果一目了然

為了讓部屬創造更多成果，應明確設立「該達成什麼」的評斷標準。

如果缺乏評斷標準，就可能出現一些員工漫無目的地工作，甚至偏離正確的行動方向。

在眾多可以清晰定義成果評斷標準的管理工具中，「OKR」是一個非常有效的選擇。

O指的是「Objective＝目標」。

KR指的是「Key Results＝關鍵成果」。

開發二手物品轉賣APP的M公司，自二〇一五年起導入「OKR」概念。他們將「賣家諮詢量達30％」、「買家諮詢量達20％」兩個簡單的目標設為Key Result。

淺顯易懂的目標讓團隊更易於行動並取得成果。

他們會在會議及一對一面談中確認OKR的進度，並將每位員工的成果以「綠色、黃色、紅色」進行分級，並同步分享給團隊知道。不僅如此，M公司也非常重視「為了實現目標做過哪些努力？」的過程。

透過OKR管理，M公司在短時間內迅速成長，員工之間沒有代溝，形成了勇於挑戰的企業文化。

◆進行目標管理能帶來良好結果

「使中主守法術，拙匠守規矩尺寸，則萬不失矣。」（用人篇）

這句話的意思是「即使是普通的君主，只要能遵守法度制度；或者是技術平庸的工匠，只要依據尺規進行操作，就不會失敗」。

盲目努力並不可取，唯有設立基準並以此為準則進行工作，才能確保有良好的結果。

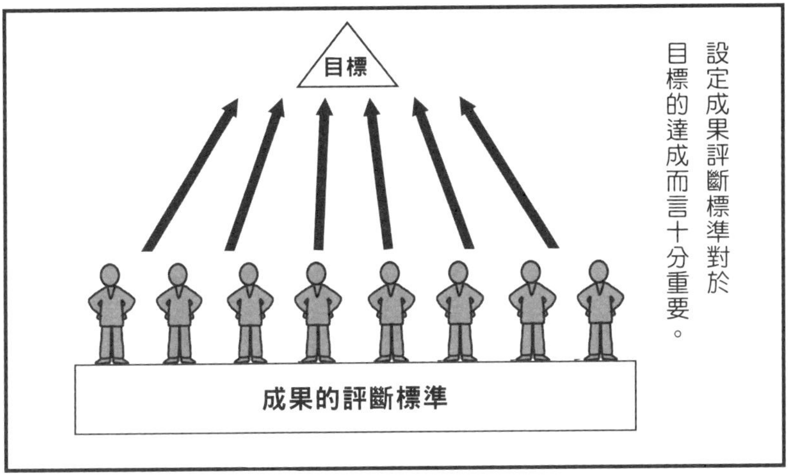
設定成果評斷標準對於目標的達成而言十分重要。
目標
成果的評斷標準

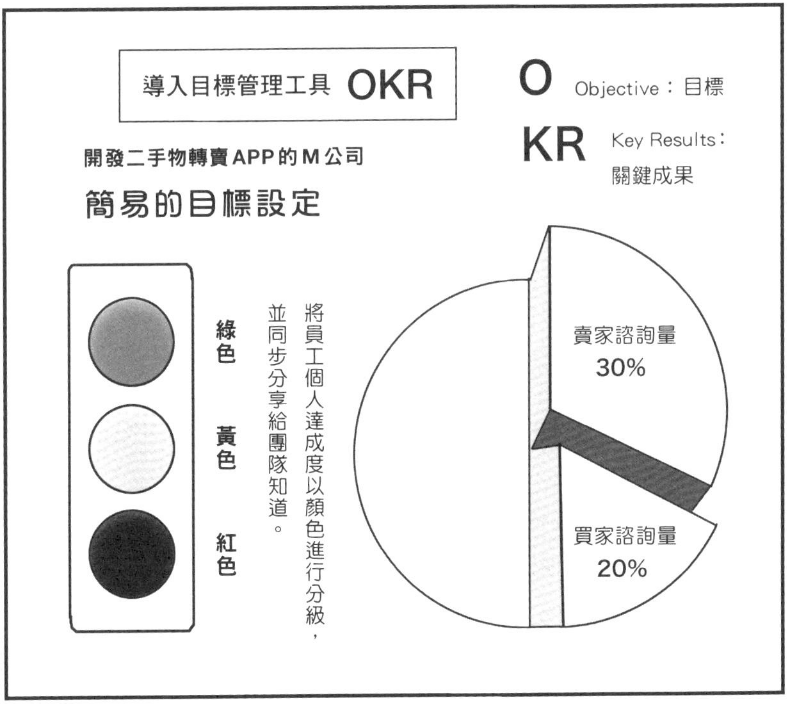
導入目標管理工具 OKR
O Objective：目標
KR Key Results：關鍵成果
開發二手物轉賣APP的M公司
簡易的目標設定
綠色
黃色
紅色
將員工個人達成度以顏色進行分級，並同步分享給團隊知道。
賣家諮詢量
30%
買家諮詢量
20%

設立明確的目標及成果基準，可避免漫無目的的工作。

36

小問題也不放過

細節也要留意

◆「凡事澈底」是防止錯誤的關鍵

「即使制定了完美的策略並配置了合適的人才，為什麼還是無法順利運作？」如果你曾有這樣的疑惑，不妨重新審視日常工作中的小細節。

松下幸之助曾說過，**「注重小細節的態度能引導人生走向偉大的成功」**。事實上，松下幸之助本人對於非常小的事情也是一絲不苟。

例如，在舉辦與客戶的聯誼會時，雖然會場內的坐墊排列整齊，他卻對當時的特助江口克彥（後來的ＰＨＰ集團社長）指出「這些坐墊前後放反了」這個小細節。

松下幸之助想傳達的概念是，一般人認為「無關緊要的小事」其實是非常重要的。

無論任何事情，有因便有果。細微的疏忽若不及時處理，累積起來可能導致重大錯誤，甚至讓企業陷入危機。

相反的，即便是微小的良好行為，持續累積則可促進企業的巨大成長。

「凡事澈底」這一理念正是松下幸之助的堅持，值得我們借鑒。

◆再小的問題也需妥善處理

「千丈之隄以螻蟻之穴潰。」（喻老篇）

這句話的意思是「千丈（約三公里）長的堤壩，也可能因為螻蟻挖出的微小洞穴而崩塌。無論多小的問題，都不可忽視。只有妥善處理，才能防止災難發生」。

無論制定了多麼宏大的企業策略，若不重視日常工作的細節，小問題也可能會造成大麻煩。

小細節也
不馬虎的態度
能引導人生走向
成功的道路。
松下幸之助
與客戶的聯誼會上
這些坐墊的
方向不對。
前後
放反了。
千丈長的堤壩，
也可能因為螻蟻
挖出的小洞而崩塌。
無論多小的問題，
都不容忽視。

輕忽小錯誤，可能導致巨大的失敗。

必要時須嚴懲

領導者所需的冷靜的判斷力

◆是否能夠下達「壯士斷腕」的決定？

當你一向重視的部屬犯下嚴重過失時，作為領導者的你會如何處理？

是選擇嚴懲，還是視而不見？

這一抉擇，甚至可能影響到企業的未來。

有一句俗諺是「揮淚斬馬謖」。

這是源自中國三國，蜀國丞相諸葛孔明因愛將馬謖違反軍令，導致慘敗於魏軍，不得不痛下決心，下令將馬謖斬首。

為了維持紀律，即使是親愛之人，違反規則者也必須接受嚴厲處罰。

孔明時常維持冷靜果斷的態度，此次也是為了保全軍隊紀律而放下私情，淡然地完成的任務。這完全就是理想的政治家形象。這種冷靜而理性的判斷力，對於領導者來說同樣是必備的素質。

但諸葛孔明並非只是一名無情的執行者。在處決馬謖後，他親自撫慰馬謖的家人，並自請降職以向全軍表達歉意。他在下達懲罰命令的同時，也深知部屬也有家庭，部屬的過失也是上司的責任。

這正是所謂的「壯士斷腕」的抉擇。

◆即使是愛惜的部下，也須嚴懲

「不忍誅罰，則暴亂者不止。」（姦劫弒臣篇）

這句話的意思是「若因不忍心而猶豫是否該懲罰，就無法制止不法之徒的滋生」。

在商務場合，心軟往往會帶來致命的後果。

如果對犯錯的部屬手下留情，規則的威信將蕩然無存，違規者只會越來越多，局面最終將一發不可收拾。

揮淚斬馬謖
三國時代的諸葛孔明
平常重用的愛將——馬謖
馬謖違背命令，導致蜀軍大敗於魏軍。
蜀
孔明下令將馬謖斬首。
孔明慰問了馬謖的家人，同時自請降職。
若對懲罰帶有猶豫，不法之徒將層出不窮。

【在嚴酷的商務場合，心軟往往會帶來致命的後果。】

以身作則

上司的態度也會影響部屬的態度

◆上司若違反規定，部屬也會跟著仿效

如果希望部屬遵守規定，那麼上司也必須徹底遵守規則，做好表率。

任職於建設公司工程團隊的S，是一位性格溫和、富有情誼且以身作則的好上司，因此深受部屬敬愛。然而，他對遵守規範的意識薄弱，經常將公司內部禁止帶出公司的資料複製到USB，帶回家中繼續工作。

受到S的影響，部屬T也開始將公司內部資料帶回家使用。

然而，某次T卻為此引發了一起重大事故。一個機密的新案件情報洩漏到了外部。

幸運的是，事件並未造成無法挽回的損失。然而，當S質問T「為什麼要把公司機密資料帶回家！」時，T的回答毫無悔意。

「因為您也是這麼做的呀！」

◆好運不會持續不斷

「因釋其耒而守株，冀復得兔。」（五蠹篇）

這句話源自一則故事，內容講述一位農夫在耕田時，看到一隻兔子撞到田邊的樹樁上，不幸身亡。農夫不費吹灰之力就得到了兔子，於是他放棄耕作，整日守在樹樁旁，希望再有兔子撞上來。然而，兔子卻再也沒有出現過。

韓非子藉此指出，**一次偶然的成功，並不意味著未來也會如此順利。**

「之前沒出問題，所以這次應該也沒事」——這種過於樂觀的想法，往往會導致出乎意料的麻煩發生。

建設公司的工程主管S先生
違反規定
經常將嚴禁帶出公司的內部資料帶回家使用。
部屬T先生
引發重大事故
將新案件的企劃資料帶出公司，導致情報外流。
為什麼要將資料帶出公司呢！
因為S您也經常這麼做，不是嗎？

如果覺得「這點程度應該不要緊」而輕忽大意，
可能釀成大禍。

必要時需給予嚴厲的指導

「親和」是上司的優點也是缺點

◆充滿愛的指導是一把「雙面刃」

對部屬過於溫柔，看似是一種充滿愛的表現，但實際上可能並非真正為了部屬著想。

如果希望部屬能成長，有時也需要採取嚴厲的指導方式。

擔任印刷公司營業一課課長的A先生，總是面帶笑容，對部屬非常溫和友善，公司內部也都認為他是名好主管。即使部屬犯了錯，他也不會責罵，而是帶他們去喝酒聚餐，傾聽他們的心聲。

然而，經營層對於這樣的A並不滿意。

因為在他的領導下，部屬們始終停留在安逸的狀態中，缺乏接受挑戰的意願。雖然部門氣氛很好，但業績卻是所有團隊中最差的。唯一值得稱道的是低離職率，在他的領導過程中，沒有任何一位員工離職。

在公司經營順利的時候，這並不是問題。然而，當公司業績開始下滑後，經營層對A的態度發生了改變。

在面對「提升部門盈利」的要求時，A未能達到期望，最終被除去主管職務。

◆被縱容的部下將成為負擔

「今取於輕刑者，其惡亂不甚也。」（六反篇）

對於犯錯的人，有些人認為應該輕罰，但這樣的想法是錯誤的。正如被寵壞的孩子很難成為有用之才一樣，**被縱容的部屬也容易淪為企業的負擔。**

當部屬犯錯時，讓他們充分意識到自己的過失，才能讓他們產生反省的心態，進而培養出責任感。

作為上司若只是單純地溫柔以待，是不夠的。

印刷公司的課長A先生
總是充滿笑容
即使部屬犯了錯，他也不會責罵。
雖然團隊氣氛很好，但是業績卻是所有團隊中最差的。
當公司整體業績開始下滑時。
經營層
A應該要負責提高營業額。
A因未能達到經營層的期望，被除去主管職務。
被縱容的部屬最終將無法成為企業的主力。

太過溫柔的上司，只會培養出拖油瓶部屬。

第5章

建立不會動搖的「信賴感」

一旦失去信用便無法挽回

敷衍了事總有敗露的一天

◆以一生建立起來的信用，只要一瞬間就可能失去

正如日本諺語所說「上坡一日，下坡一時」。**建立信任需要經年累月的努力，但失去信任卻可能在一瞬間發生。**

科技業工程師Y先生平常都在家進行遠端工作。公司實行彈性工時制度，允許員工上午有事時，可以從下午開始工作，時間安排相當自由。

某天Y從早上9點開始工作。但到了10點左右，他發現家裡養的狗身體有些狀況，不得不帶牠去醫院。

這時，Y心想「就假裝我還在工作吧，反正公司也不會發現。」

然而，就在Y偷偷帶狗去動物醫院的期間，公司突然發生緊急狀況，需要立即召開一場臨時的線上會議。由於Y無法露面參加，外出一事被當場揭穿。

從此，Y的信用便一落千丈，公司也不再將重要的工作交給他。

◆金錢以外還有更重要的東西

「臣亦愛臣之信。」（說林下篇）

魯國在與齊國的戰爭中失敗後，齊國要求魯國交出國寶。魯王帶著假的寶物前往齊國，卻被識破。當魯王堅稱假寶是國寶時，齊王召來魯國的賢士樂正子春鑑定真偽。魯王試圖說服樂正子春幫忙隱瞞，樂正子春卻這樣回答。

「我珍惜自己的信用。」

金錢或財物即便失去，還可以重新獲得，但一旦失去了信用，便無法挽回。

就算是經年累月
建立起來的信用。
信用
失去也只要一瞬間。
科技業工程師Y
早上9點
開始
遠距工作。
家裡的狗，
身體出現狀況。
必須去
醫院一趟。
心想反正
就這樣
掛在線上，
也不會被發現。
前往醫院。
然而這時，
卻突然發生
緊急事件，
需要召開
線上會議。
Y無法
露面參加，
工作中外出一事
也因此被揭穿。
信用
Y的信用
瞬間跌落谷底。

不偷懶、不懈怠，隨時保持行為端正吧。

以客戶滿意度定勝負

以信賴感聚集客源

◆便宜是否必然導致劣質？

若想在商業方面取得成功，提供可靠的商品或服務是基本的前提。

二〇一七年，一間廉價旅行業者T公司因負債總額約151億日圓而破產。當時，已有超過8萬名顧客支付了旅行費用，然而，絕大多數費用無法追回，讓那些期待旅行的人們大失所望。

導致破產的原因有很多種，但主要原因或許在於其以低成本採購並以低廉的價格提供服務的商業模式，本身就存在著巨大風險。

薄利多銷的商業模式必須確保所有產品或服務都能售出，因此需不斷投入廣告以吸引客戶。

這種模式與依靠口碑與評價吸引顧客的方式大相逕庭，因此不可避免地會面臨終結的一天。

與此相對，另一間旅行社A公司則以實際體驗過旅程的真實旅客口碑進行宣傳。

良好的評價不斷吸引新顧客，令其客群不斷擴大。由於不需花費廣告成本，A公司也能以更優惠的價格提供旅遊服務，進一步提升了顧客的滿意度。

可見，以「顧客滿意度」為競爭優勢的商業模式，將成為未來的標準趨勢。

◆不可靠的人事物令人卻步

「不可必，則慈母逃弱子。」（說林下篇）

當一位弓箭神射手射箭時，人們可以安心觀看；但若是幼童拉弓，哪怕是溫柔的母親也會驚慌避開。

可靠的人事物能贏得所有人的信任，讓人安心使用；而不可靠的則會引起顧慮，令人避之不及。

在商業場合，我們應該努力讓一切業務建立在信賴之上。

於二〇一七年破產的
廉價旅行社T公司
負債151億日圓
超過8萬名
顧客已支付
旅行費用，
最後卻無法
追回款項。

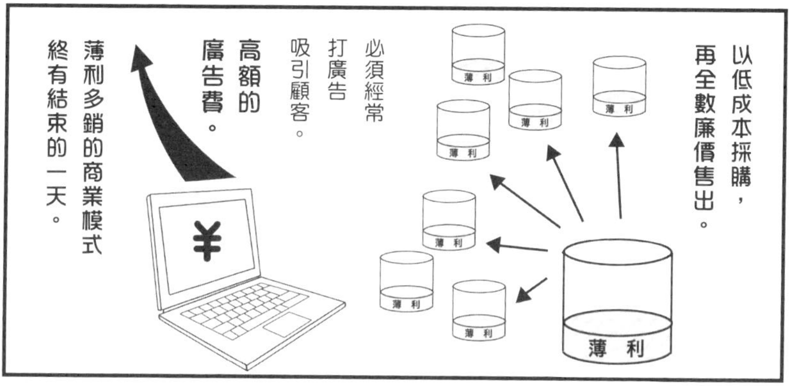
以低成本採購，
再全數廉價售出。
薄利
必須經常
打廣告
吸引顧客。
高額的
廣告費。
¥
薄利多銷的商業模式
終有結束的一天。

以旅客口碑吸引
客戶的旅行社
以小額的廣告費
就能獲得
高成效。
顧客增加。
旅行社也能提供
更優惠的價格。
顧客滿意度獲得提升。

薄利多銷的商業模式，終有結束的一天。

42

無論哪種約定都務必遵守

建立信任關係的基石

◆輕易違背約定的孩子們

遵守約定是商場上的基本常識。如果有人遲到，或者到了付款期限卻未按時支付，難免會讓人覺得「這樣的人不能再合作了」。

二〇二〇年，日本工和線上娛樂有限公司對家中有小學四年級至國中三年級子女的家長進行了一項問卷調查。

關於孩子使用遊戲機的管理方面，91%的家長表示會對遊戲時間或條件進行限制，但只有48%的家長為違反規定設定了懲罰措施。

大多數懲罰的形式是禁止使用遊戲機或沒收遊戲機，但絕大部分的家長並未設定明確的懲罰期限。

這樣一來，孩子很容易產生「不必遵守約定」的錯誤想法。

◆信任源於遵守約定

「母欺子，子而不信其母，非所以成教也。」

（外儲說左上）

孔子的弟子——曾子，他的妻子有一次要去市場，孩子哭著追過來說「我也要一起去！」那時為了安撫孩子，她隨口說「等我回來後，會殺一頭豬煮給你吃。」說完，她便隻身出發去市場了。

等她回到家時，卻發現曾子正準備殺豬。妻子急忙解釋說「我只是在開玩笑罷了！」曾子卻認真地回應：「你若欺騙孩子，就等於教會孩子說謊。如果母親對孩子說謊，孩子便不會再相信母親的話，教育也將無從談起。」

約定是絕對的，即使是和孩子的玩笑話，也不應輕易違背。**破壞約定不僅會讓人失去信任，甚至可能損害親子之間的信任關係。**

［就算是跟孩子的約定，也不能輕易違背。］

對部屬也應以禮相待

無論對誰，都應保持禮節

◆即使關係親近，也不能「已讀不回」

「表達尊重」是建立信任關係的必要條件。即使是關係密切的部屬，也不能輕視或怠慢，否則將失去他們的信任。

上司S先生和部下O先生幾乎每週都會一起去居酒屋喝酒。他們約好了這天晚上也去常去的居酒屋聚會。然而，S在前往的路上偶然遇到了老朋友，並被當場邀請一起喝酒。他心想「O和我關係這麼好，放他一次鴿子應該沒什麼問題吧。」於是便臨時改變計劃，和老朋友一起去了其他地方。

當晚，O因工作上的重大問題需要尋求S的建議，一直在居酒屋等候。

過程中多次發送訊息，卻始終未得到回覆。

隔天，S輕描淡寫地道歉說「哎呀，昨天不好意思啊，不好意思！」

自此之後，O便不再接受S的飲酒邀約了。

◆對無禮之人應以百倍回擊

「國小無禮。」（十過篇）

曾經有一個強國——晉國，旁邊則有小國——曹國與其鄰接。晉國的王子在逃亡途中經過曹國時，曹國君主竟因「晉國王子身材骨架異於常人」的傳聞，無禮地要求晉國王子裸身接受檢查。區區小國卻讓強國的王子蒙受這樣的奇恥大辱。後來，晉國王子成功登上王位後，就迅速地將曹國消滅了。

韓非子指出「小國卻對大國無禮，又不聽從部屬建議的人，無法穩住自己的地位」。

因此，**無論面對什麼樣的人，都應謹守分寸，始終以禮相待，是非常重要的。**

交情甚篤的夥伴。
上司
S先生
部屬
O先生
幾乎每週
都會一起
到居酒屋喝一杯。
今天也去
喝一杯吧！
S在前往居酒屋
途中遇見了老朋友。
喔－！！
沒有遵守與O的約定，
和老朋友喝酒去了。
原本有想要
一起商量的事，
想聯絡對方，
卻也沒收到回覆…
隔天
昨天
真抱歉啊！
我和老友
聚了一下。
不遵守約定，
還一派輕鬆的樣子…
兩人的信任關係
就這樣被打破了。
面對親近的夥伴，
還是應該保持禮儀。

就算是交情甚篤的夥伴，也不能耍賴。

無論何時都要真誠以待

成為關鍵時刻的依靠

◆信任源自「人格」、「行動」與「誠意」

信任並非一朝一夕能培養出來的。

透過無數小小的信賴積累，才能構築出牢不可破的信用體系。人格、行動與誠意三者相輔相成，是構建信任關係的重要條件。

K先生大學畢業後進入一家精密機械製造公司，在業務部門工作，至今已經是第七個年頭。某天，他與重要客戶之間發生了重大糾紛，無論如何也無法自行解決，最終只能向上司H先生求助。

當時，H正負責主導一個大型專案，每天會議不斷，幾乎不太可能陪同K去拜訪客戶。然而，隔天一早，當K抵達客戶辦公室時，卻在櫃檯看見了H的身影。

他們兩人向客戶誠摯道歉，並詳細解釋事情的來龍去脈。H的誠意最終讓客戶接受了解釋，事件也順利化解。如果當時H沒有同行，這份合約很可能就此告吹。

事後，K偶然注意到，H穿著和前一天一模一樣的衣服。他才明白，H為了擠出時間處理這件事，徹夜趕工完成其他工作，排除萬難陪同K前往。K深刻感受到H強烈的責任感和對部屬的關懷，便在心中暗立下誓言，「我這輩子都會追隨這個人」。

◆積沙成塔的「信任存款」

「小信成則大信立。」（外儲說左上篇）

韓非子認為「透過不斷累積微小的信任，最終將獲得巨大的信任」。

一位真正的領導者並不需要華麗的表現或高超的話術。只要遵守與部屬的約定，真誠相對，就能建立穩固的信任關係。

在精密機械製造公司服務的K先生任職第7年。
對於上司H，發自內心的信任。
K和客戶之間發生了紛爭。
該怎麼辦才好呢？
我會想辦法的，你先和對方約好時間吧！
在H的陪同之下，順利地化解紛爭。
H和昨天穿著同樣的西裝和領帶。
一定是連夜完成工作後，才能陪我一起來的。
這個人絕對值得信賴！

累積微小的信任，將能產生巨大的信用。

不要被演技欺騙

正確判斷責任歸屬

◆將失誤推給部屬的中階管理者

根據RISE SQUARED人力資源公司的調查，認為「職場中沒有值得尊敬的上司」的受訪者比例高達50．6%，也就是每兩人中就有一人對自己的上司缺乏尊敬感。

在年輕員工之中，這種傾向尤為明顯。身處領導位置的人，應該正視這一現實，並磨練自己的洞察力。

某間物流公司內，貨車事故頻繁發生。經調查發現，主因是過勞工作。部長因此責問負責的課長，課長卻回應說「是新進員工弄錯了出勤班表，十分抱歉」並與那位新人一起向部長道歉。

部長聽後完全相信了課長的說詞，心想「新人犯錯也是可以理解的，既然他們已經在反省，那就以悔過書結案吧」。

然而，真正的元兇其實就是課長，新進員工只是成了代罪羔羊。這名課長隨後被送交到職場霸凌會議上檢討，並遭到免職處分。

公司高層如社長或部長，往往難以察覺基層員工的真實心聲。基層員工之中，不少人因承受上司的壓力而不敢坦言，內心充滿委屈。

◆關注基層員工的努力

「罪生甲，禍歸乙，伏怨乃結。」（用人篇）

「明明是上司的過錯，卻推卸給我。」抱持這種不滿的員工，其實意外地多。他們對上司的不信任，往往演變成對上司的怨恨。能察覺這些隱藏問題的，只有部長和社長這樣的公司高層。因此，應避免被中階管理者的演技所欺騙，**多多關注基層員工的努力，致力於打造一個讓所有員工都能充滿活力的工作環境。**

RISE SQUARED人力資源公司的調查
職場中沒有值得尊敬的上司。
50.6%
每兩人中就有一人對自己的上司缺乏尊敬感。
某間物流公司內，貨車事故頻傳。調查發現過勞工作是主因。
是新進員工搞錯出勤班表了。
課長
真的非常抱歉。
新人犯錯，也無可厚非。
部長
真正的元兇是課長。
若是由我來承擔錯誤，會把事情鬧大。
新進員工就這樣成了代罪羔羊。
事實仍被揭發，課長遭到免職處分。
社長和部長很難注意到員工的真實心聲。
身為領導者，應該磨練洞察力。目光也應該多關注在基層員工身上。

領導者應具備能夠看穿部屬是否嫁禍給別人的洞察力。

錯誤應立即修正

區分人能否成長的關鍵

◆成為能坦然承認錯誤的人

暢銷書《零盲點思維》的作者朱莉亞・蓋勒芙曾說過：「錯誤其實是自我成長的契機。」

錯誤本身並不可怕，真正重要的是能否坦然地承認。只有能認錯、願意改正的人，才能在各領域中展現才華，取得成功。

然而，承認自己的過失對任何人而言都不是件容易的事。這往往需要克服自尊心的阻礙，甚至抵抗內心本能的防衛機制。正因如此，許多人選擇掩蓋錯誤，卻因此讓情況變得更加糟糕。

氣候變遷懷疑論者傑里・泰勒曾在一場電視訪談節目中發表對氣候變遷的看法，但隨即被著名的氣候變遷理論支持者喬・羅姆公開駁斥。

為了捍衛自己的觀點，泰勒深入檢視數據分析，卻發現羅姆才是對的。泰勒先前的論述是基於某些權威氣候科學家的研究文獻，沒想到那些研究本身竟然存在錯誤。從那之後，泰勒澈底改變了自己的作風。不論引用的科學文獻來自多麼知名的專家，他都會先詳細檢驗證據是否充分，再發表言論。

◆謊言與掩飾只會讓情況惡化

「巧詐不如拙誠。」（說林上篇）

這句話的意思是「面對過錯，最好的對策不是試圖以技巧遮掩，而是誠心地應對。」

嘗試以謊言掩蓋錯誤，只會陷入更大的困境；而立即道歉，則能有效避免事態擴大。更重要的是，對於自己犯下的錯誤要下定決心，「絕不再犯同樣的錯誤！」這樣，過錯反而能成為一帖良藥。

《零盲點思維》作者
朱莉亞・蓋勒芙
錯誤其實是自我成長的契機。
錯誤本身並不可怕。只有能認錯的人，才能在各領域中獲得成功。
氣候變遷懷疑論者
傑里・泰勒
在電視上發表言論。
氣候變遷論者
喬・羅姆
反對意見
正確的是羅姆。
泰勒的資訊來源有誤。
今後無論是多麼具有權威的資訊來源，都要確認可信度。
發現犯錯後，就立即改正吧！

承認錯誤的人，才有機會自我成長。

在工作上保持餘裕

一旦失去信用，將得不償失

◆過度壓榨時間，反而適得其反

日本金融暢銷書《千萬別撿千元大鈔》中提到一個概念「如果一直忙於時薪1000日圓的工作，當時薪1萬日圓的機會來臨時，你可能無力接下」。

該書的主旨是，**「人生中最重要的不是金錢，而是賺取金錢的能力。」**

人在有「想盡量多賺一點」的想法時，常常會接受緊湊的日程安排。

然而，無論再怎麼努力，若無法按時交付工作，只會嚴重損害信譽。即使能如期完成，但草率了事，也會導致「原來你的能力只到這裡」的負面評價，進而降低自身工作能力的價值。

為了妥善管理工作，應將工作日程分為短期、中期和長期計劃，並且綜觀全局，在實行過程中隨時調整。

先設定好未來該做的工作目標，並以此往回推算，確認現在應該做哪些工作，就能避免自己不小心接下超過負荷量的工作。

◆在工作上給自己留些餘地

「為其不可復者也，則事寡敗矣。」（說林下篇）

韓非子曾引用桓赫的比喻「雕刻人像時，鼻子宜做大些，眼睛宜做小些。大鼻子可削小，小鼻子卻難以加大；小眼睛能放大，但大眼睛難以縮小」。

因此，韓非子才會說**「為自己預留一些餘地，可以降低失敗的機率」**。若能在工作時適當地保留彈性，就能確保穩定交出優質的成果。

在時間和心力方面保留適當彈性，才能確保穩定優質的成果。

遵循道理而行動

避免過於短視近利的思維

◆以「有意識的企業」為目標

要贏得顧客的信任，必須按照作為人應有的正道（道理）來行事。

如今，日本企業需要成為所謂「有意識的企業」（高道德標準的企業）。全世界的成功企業，比起追求公司自身的利益，都更注重讓顧客感到幸福的經營方針。

例如，某間保健食品公司的經營者開發了一款能帶來巨大收益的產品。然而，如果這款產品對健康有害，經營者該選擇優先考量公司的利益，還是基於顧客的健康而停止銷售呢？這正是考驗經營者抉擇能力的時候。

短期內，銷售該產品可能會帶來豐厚利潤，但這會損害公司的商譽。而那些有良心的員工，又會如何看待這種行為呢？

當面臨抉擇時，應該思考的不是**「哪個選擇更有利？」，而是「哪個選擇符合正道？」**如此一來，將來才不會感到後悔。

◆違背道理的行為難以成功

「人莫能左畫方而右畫圓也。」（外儲說左下篇）

韓非子的意思是「一個人無法用左手畫方，同時用右手畫圓。違背道理的行為注定無法成功」。

在中國的戰國時代，燕王的一名食客聲稱自己能傳授修煉不死之道的方法。

然而，臣子尚未學成這門技術，這名食客便已身亡，臣子甚至不知道自己受到了欺騙。憤怒的燕王因此懲罰了這名臣子。在現代企業中，也可能發生類似的事情。若管理者因誤解而責罵無辜的部屬，那就是一種背離道理的愚蠢行為。

以「有意識的企業」為目標
（高道德標準的企業）
保健食品公司的經營者。
猶豫
巨大的利益
道德（對身體不好）
新商品
應該思考的不是企業的得失，而是哪個選擇更符合正道。
中國戰國時代燕王的食客。
我能傳授不死之道的修行方法。
在臣子學習的過程中，食客就身亡了。
不是不會死嗎？
臣子甚至不知道自己被食客欺騙，燕王怒而懲罰了這名臣子。
責罵無辜的部屬，就是一種背離道理的愚蠢行為。

行動前應先思考是否合乎道理。

第6章

成功領導者的樣貌

對能幹的人給予評價

留不住優秀人才的公司有何特徵

◆因不公平的人事決策而出現離職潮

優秀的人才突然遞交辭職信的情況並不罕見。原因百百種，例如：

1 對薪資等待遇感到不滿。
2 職場環境如福利制度存在問題。
3 因不公平的人事安排失去了工作的意義與幹勁。

尤其是對上司的用人決策存疑的員工比比皆是。

如果公司在人事決策方面缺乏公平性，越是有能力的人，越容易對公司的未來失去信心。最終，他們的工作熱情會被消磨，而選擇離開公司。

身為管理職，卻無法給予能幹的部屬或努力的員工相應的評價，往往會成為不滿的集中對象。

優秀人才的流動性很高，如果未能提供與其實力相符的報酬與職位，他們可能就會迅速地轉投條件更好的公司。

這種情況一旦發生，便會引發公司噩夢般的連鎖反應。優秀員工的離職潮將接連不斷。

◆拍馬屁就能升職的時代已經過去

「不肖用事而賢良伏，無功貴而勞苦賤，如是則下怨。」（亡徵篇）

如果優秀人才得不到相應的評價，而沒有功績的員工卻被提拔為管理職，員工自然會對公司或上司心生怨恨。

日本昭和時代流行過一首名為〈拍馬屁進行曲〉（Crazy Cats樂團）的歌曲，那時候，對上司阿諛奉承的人常理所當然地得到升職。而那些樸實努力、有話直說的人，即使能力再強，也難以晉升。

若公司高層若能改變思維，實行公正的人事評價，相信企業經營也會有更好的發展。

日本昭和時代
Crazy Cats樂團的
《拍馬屁進行曲》大為流行。
一起
拍馬屁吧~
對，就是那個！
拍上司馬屁，
就能出人頭地。
這樣的時代已經結束。
人事決策失去公平性，
越有能力的人便會
越快離開公司。
優秀人才如果未能獲得
與其實力相符的報酬與職位，
就會迅速地辭去現職。
優秀的人才
應該獲得
公正的
人事評價。

上司若無法給予公正的人事評價，
部屬將因看不見發展性而離去。

50

控制自己的慾望

經營者必備的資質

◆無法自我控制的醫師之結局

經營者應具備的其中一項資質便是「自制力」。自制力強的人，往往能展現出卓越的領導能力，使部屬充滿幹勁，投入工作。

然而，有些經營者仍是無法掌控自己的慾望。銀座的一位醫師G，在籌備了充足資金後創立了自己的診所，最後卻因過度花費而使經營陷入困境。

「希望診所的裝潢可以弄得很豪華。」

「希望在入口處放置奢華的裝飾品。」

她沉迷於滿足自身的虛榮心，大肆浪費，最後卻無力支付辦公室租金。

比起花費巨資在裝潢上，應該將資金投入員工培訓，才能培養出優秀的團隊。即使診所外觀再華麗，最重要的醫療品質無法讓患者滿意，也終將被患者拋棄。

◆傾聽智囊團的建議

「好宮室臺榭陂池，事車服器玩好，罷露百姓，煎靡貨財者，可亡也。」（亡徵篇）

君主若揮霍無度，沉溺於豪華的生活與奢侈品，人民將陷入困苦，國家也將滅亡。

企業亦然，**若公司負責人一味縱容自己的慾望恣意揮霍，勢必引起員工的不滿，最終將導致公司衰退。**

如果認為自己屬於「容易沉溺於物慾的類型」，應避免專斷獨行，積極傾聽身邊智囊團的意見。

G醫師在銀座開了一間診所。
診所的裝潢可以弄得很豪華。
入口處要放奢華的裝飾品。
揮霍無度將導致經營失敗
與其花費巨資裝潢，不如將資金投入在員工培訓。
最後，G醫師的診所經營陷入困境。
若君主沈溺物質享受，揮霍無度，將導致國家滅亡。
企業亦然。

恣意揮霍的經營者，事業必定以失敗收場。

不能被利益沖昏頭

不要被眼前的利益誘惑

◆無視顧客需求的麵包店之結局

「在馬的鼻尖掛上胡蘿蔔」是個以獎賞激勵人前進的譬喻，**但當眼前出現利潤的誘惑時，人往往會不由自主地奔向它**，結果可能會遭受巨大的損失。

在某地區頗具名氣的麵包店老闆A，每天限量製作特色麵包，賣完便會關店。這樣的經營方式，也吸引許多立志成為麵包師傅的人前來學習。

某天，一位業者來到店裡，這樣向他提議。

「若用機器大量生產，再搭配店名銷售到當地超市，肯定能大賺一筆！」

A被這個建議所吸引，心想：

「確實，按照現在的經營方式，收入有限。既然我們的店已經在當地有一定的知名度，在超市上架應該也會賣得不錯。」

不過，事情並未如他所想。量產的麵包無法呈現出店內手工麵包的原有風味，顧客因此感到失望，甚至也不再光顧A的店。

更糟的是，對A輕率的決策感到失望的麵包師傅們，也紛紛離開了店鋪。

◆不為眼前的利益所迷惑

「顧小利則大利之殘也。」（十過篇）

這句話的意思是，若只盯著眼前的小小利益，可能因此失去更大的收穫。

正如俗語所說「只見樹木，不見林」，**我們應避免被局部利益蒙蔽雙眼，忽視全局的重要性。**

在馬的鼻尖掛上胡蘿蔔
當眼前出現利潤的誘惑時，往往會不由自主地奔向它。
在當地經營頗具名氣的麵包店老闆A
當日麵包完售就會關店休息。
CLOSED
要不要試著將麵包量產？在當地超市上架，肯定能大賺一筆！
A被眼前的利益蒙蔽了雙眼。
量產的麵包風味不佳。不但在超市賣不出去，來店客也減少了。
只盯著眼前的小小利益，可能因此失去更大的收穫。

聽起來「好賺的生意」，通常都是對方拿走「好處」。

適度地感到滿足

無止境的上進心會讓周圍的人感到疲憊

◆領導者也需要懂得「知足」的重要

佛教經典中有一句話：「知足者常富」，意思是**「知足的人會經常感到富足」**。人的本性就是在得到某些東西之後，還會不斷地「想要更多」，永無止境。

H是某間中型不動產公司的課長，負責業務四課，部門內有五名部屬。其中，部屬E的業績一直表現不佳，導致整個部門的業績在四個業務部門中墊底。為了改變現狀，H悉心指導E，傳授銷售技巧，最終讓部門的成績升至第三名。

打開氣勢開關的H，接著開始瞄準第一名，並持續對部屬施加壓力。

H對業績不振的E不斷地批評和督促。但越是批評，E的士氣就越低落，最終承受不住壓力，遞交了辭職信。

E說：「課長，我已經按照您的建議努力改進，但我實在撐不下去了！當我好不容易達到目標時，卻又被要求更高的標準……我到底要努力到什麼程度才夠呢？」

聽到這番話，讓H突然醒悟。他回想起E經常週末都在加班，感到自己應該給部屬更多成長空間，而不是急於求成。

他深刻反省了自己無法適可而止的態度。

◆任何「過度追求」的事，都無法長久

「人不能自止於足，而亡其富之涯乎。」（說林下篇）

這句話的意思是**「人若無法滿足，貪求無度，最終將毀掉自己」**。若發現自己陷入了無止境的追求中，不妨想想「知足者常富」這句話。

「還想要更多」的慾望，將毀掉自己。

成為善於危機管理的公司

是否已做好面對風險的準備？

◆為公司危機預先準備應對策略

自二〇二〇年新冠疫情以來，全球企業對於危機管理的需求日益高漲。

危機管理的英文為「Crisis Management」，是一種在面臨重大危機局面時，防止情況進一步惡化的管理方式。

例如，當員工涉及毒品等非法行為，或是自家產品出現重大瑕疵時，這些都可能是動搖公司根本的危機。此外，事故、火災、客戶資料外洩等，也是有可能發生的。

如果事先針對這些可能的緊急情況準備好應對措施，在真正危機來臨時，公司就能迅速採取行動，減少損失。

當然，想以100%的機率防範所有問題幾乎是不可能的。但是，提前做好危機管理的準備，是一家公司對員工和社會應負的責任。

◆高度不定性的時代更需要「防守」

「聞禍端而不備（中略），可亡也。」（亡徵篇）

韓非子指出，「如果君主明知禍患將至，卻沒有做任何準備，那麼這個國家將走向滅亡。」

對經營者來說，「積極把握機會」等**進攻型的行動固然重要，但針對危機的防守型行動同樣不可或缺。**

對潛在威脅毫無防備的經營者，是失職的危機管理者。

尤其在令和時代這樣充滿不確定性的世代，企業能否存續的關鍵，不再僅僅是「攻占」市場，而在於是否能有效地「防守」。

危機管理
自二〇二〇年新冠疫情以來，
全球企業對於危機管理的需求日益高漲。
資訊外洩
災害
員工被逮捕
發現瑕疵商品
事先針對這些可能的
緊急情況準備好應對措施。
君主明知有禍患的可能，卻沒有做任何準備，那麼這個國家將走向滅亡。
把握機會的進攻型行動固然重要。
機會
針對危機的
防守型行動
也是不可或缺的。

疏於進行危機管理的公司將被淘汰。

關鍵時刻的決斷力

隨時代變化消失的企業及存活的企業

◆無法數位轉型的企業將如恐龍般滅絕

企業所處的環境正在迅速變化，顧客的需求也日趨多樣化。倘若無法脫離固有的業務模式，最終將如同恐龍一般走向滅亡。

企業需要應對的變化之一便是推動數位化轉型（DX）。DX，即Digital Transformation的縮寫，是指以大數據為基礎，提供創新的服務。

應用實例包含計程車派車系統、遠端工作、餐飲外送服務、線上會議、無人商店等，族繁不及備載。

以日本為例，許多面臨經營困難的醫院正在推動數位轉型作為改善措施。然而，仍有不少小型醫院與診所沿用紙本病歷，電子病歷的普及率仍然偏低。

當有醫師表示「一直以來使用紙本都沒問題，事到如今也沒必要改成電子病歷」時，就會有些院長也不自覺地附和這種觀點。

但那些無法脫離舊有業務系統的醫院，最終將無法跟上時代的潮流，而逐漸被淘汰。**即使面臨內部員工的反對，領導者也必須堅定地做出決策，帶領企業邁向創新。**

◆生存與否取決於領導者的決斷力

「緩心而無成，柔茹而寡斷（中略）**，可亡也。」**（亡徵篇）

君主若因怯懦而無法貫徹必要的行動，國家終將滅亡。企業亦是如此。領導者若無法在關鍵時刻果斷決策，事業將難以成功。**企業能否在激烈的市場競爭中生存，全憑領導者的決斷力。**

無法與時俱進的企業只有消亡一途。

不要過度依賴外部的專家

公司內部的意見也很重要

◆「交給專家就萬無一失」的迷思

有些企業領導者花費高昂的費用聘請外部顧問，並將經營全權交由顧問處理。

然而，顧問的職責僅是提供建議與提案，真正需要做出決策並執行的，仍是企業的領導者。

在日本，一位戰國時代的大名——前田利家的領地曾遭到佐佐成政入侵。當時，利家決定立即出兵救援，卻有一名家臣建議他先請山伏占卜吉凶。

利家聽從建議，山伏便開始用筮竹進行占卜。此時，利家果斷表示「不論占卜結果如何，我已經決定出兵。」山伏聽後，收起筮竹，回答「今天就是吉日，現在正是吉時。」利家聽後大笑，稱讚這位山伏「很擅長占卜」。

這個故事提醒我們，企業經營者需要有擔當，清楚自己是公司營運的最終責任者。對於外部專家，必須謹記，應以「補足自身專業不足的地方」為目的進行合作，而非完全依賴。

◆比起外部專家，更應重視內部員工

「正戶貧而寄寓富，耕戰之士困，末作之民利者，可亡也。」（亡徵篇）

如果過於倚重外部人士，忽視公司內部長期效力的員工，企業將會逐漸衰退。**真正關心公司發展、全心全意為公司著想的，往往是內部的員工。**

當員工提出建議時，領導者應該認真傾聽，與他們共同討論，以找出最好的解決方案。

如果抱著「交給外部專家就可以高枕無憂」的心態，將所有事務全盤交由外界處理，可說是一名失職的領導者。

不聽取員工建議的領導者，是不會成功的。

確認事實，拆穿謊言

資訊不要全盤接收，學會看穿謊言與掩飾

◆怠於確認事實的上司

有些部屬可能會因為嫉妒同事，或是想掩蓋自己的錯誤而撒謊。**如果上司怠於確認事實，往往會被這些部屬欺騙。**

Y是某辦公室設備公司的業務員，當天有一個重要的洽談會議，她特地請求課長一同前往。然而，公司內有一位對Y心懷不滿的同事O，兩人是業績上的競爭對手。

O趁著Y不在辦公室時，偷偷在課長的桌上放了一張字條，寫著「今日的會議已取消。Y留」。課長看到這張字條後，便認為會議已經取消了。

對此一無所知的Y如期抵達客戶公司，等到了約定的時間卻仍不見課長出現。她焦急地打電話給課長，課長卻問說「會議不是取消了嗎？」這讓Y大吃一驚。

Y急忙解釋「我沒發過這樣的通知！」但課長仍堅信自己看到的字條，完全不聽Y說明。

此時，剛好有一位會計部的女職員聽到了兩人電話中的對話，便向課長報告，「課長，我看到O之前在您的桌上放了一張字條，那是否就是您看到的字條呢？」

經過確認，課長才處罰了O並向Y道歉。

◆無法識破部屬謊言的上司是失職的

「人主將欲禁姦，則審合刑名者，言異事也。」

（二柄篇）

如果君主想要制止臣子的不良行為，就必須對其言語和實際行動仔細核查。**作為上司，若無法識破部屬的謊言和敷衍，那便是失職的表現。**

上司若對部屬呈報的資訊全盤接受，容易被看輕。

放任式管理無法統籌組織

「因為不懂就放任不管」是NG的

◆資訊工程技術薄弱的上司犯下重大失誤

有些上司將工作完全交給部屬處理，自己卻不去確認業務內容。這樣不僅無法有效管理組織，還可能導致公司陷入醜聞之中。

擔任某金屬加工業的會計部長K，因為發現公司使用的會計系統過於老舊，決定招募一名熟悉資訊工程的專業人才來解決問題。

然而，由於K長期習慣使用老舊系統，對如何提高效率毫無頭緒。

在更新系統的過程中，K將財務會計系統的相關業務全權交給新進人員N，自己完全不參與其中。

之所以如此，是因為K不想被質疑「連這麼簡單的事都不懂嗎？」

系統更新完成後的兩年之間，業務運行一切正常。但某天，發現一個嚴重的事件。

全權管理財務會計系統的N，被發現利用操作會計系統，私吞了部分從客戶收取的款項。

由於會計部缺乏必要的內部查核機制，絲毫沒注意到此事的K，最終也因管理疏失而被追究責任。

◆上司與部屬的利益可能相互矛盾

「故臣利立而主利滅。」（內儲說下篇）

君主與臣子的利益往往是對立的。臣子的利益增加時，君主的利益就會隨之減少。

為了防止被部屬欺瞞，領導者必須充分了解部下的工作狀況，掌握核心業務。

金屬加工業
會計部長K
公司的會計系統
過於老舊，需要聘用
資訊工程的專業人才。
新進人員
N先生
交給你了！
K將
財務會計系統
業務全權交給N。
不想被
別人質問
「你連這種事
都不懂嗎～」
2年後，N的
不法事跡敗露。
因為沒有查核機制，
K也沒有察覺N
藉由操作會計系統
私吞款項一事。
K也因此
被追究責任。
君主與臣子的利益
往往是對立的。
將工作全權交出，
是領導者的失職。

將工作全權交給部屬的領導者，無法有效管理組織。

對部屬表現「認同」

首先要充分了解對方

◆了解部屬的興趣與關心的事

在現代的教練技巧中，「認同」是一個備受關注的概念。這是指認同對方的存在，接受其真實的樣貌與事實。

認同並不是去評價工作內容，也不是與他人進行比較。**透過認同，人可以感受到安心，提升自我評價，進而更加積極地行動。**

需要注意的是，「認同」與「稱讚」完全不同。我們不需要特意稱讚部屬的工作成果，只需認可他們的長處，並將這個事實平靜地傳達給對方。如此一來，部屬就能感覺到「自己被理解了」。

組織運作的核心是人，而了解部屬可說是組織管理的基礎。然而，有些管理者僅僅將部屬視為「勞動力」，對於部屬是什麼樣的人、有何能力、能創造什麼成果毫無興趣。

若採取這種態度，便無法期待組織的發展。**首先，為了瞭解部屬都對什麼樣的事物感興趣**，需要增加與其對話的機會。

◆為推動組織運作而觀察部屬

「知下明則見精沐。」（難三篇）

韓非子認為，君主推動組織運作的祕訣在於「深入了解基層」。

如果能真正了解國民的情況，就能做到賞罰分明，使國家擺脫貧困。

韓非子早已洞悉認同與了解部屬這件事，對於有效推動組織運作的重要性。

若想推動組織運作，
就必須了解「認同部屬」
的重要性。
認同
不等於「稱讚」。
而是對部屬
的長處表示認可，
並將這個事實
平靜地傳達給對方。
不關心部屬的上司
部屬只是
單純的
「勞動力」。
無助於
組織發展
了解部屬對什麼
事物感興趣，
是很重要的。
透過午餐或喝酒
進行交流。
我的主管
真了解我。
自我肯定程度提升
轉化為積極的行動
君主必須非常
了解人民，
才有辦法
推動國家運作。

上司若對部屬私毫不關心，將阻礙組織發展。

第7章

依部屬特性進行適性管理

不需要只會批評的部屬

沒有解決方案的批評，對公司沒有好處

◆批評公司的「評論家員工」

有些人總是沒實力卻愛說嘴，試圖讓自己看起來比實際更重要。其中，最棘手的類型就是站在高姿態批評公司的員工。

「我們公司這點真的不行啊。」

「如果繼續那麼做，業績肯定上不去。」

這類員工經常對公司冷嘲熱諷，讓周圍的人感到不愉快。

面對這樣的員工，作為上司應該如何處理呢？

上司需要糾正部下的錯誤言行。作為領導者，必須展現堅定的態度。然而，這並不表示要強行說服他們。對於評論家員工，只要使其遵守規範即可。若其行為偏離規範，則可以採取適當的懲戒措施。

◆復仇無濟於事

「實無益於智伯若秋毫之末。」（姦劫弒臣篇）

在古代中國的晉國，有一位名叫智伯的君主。當智伯因他國的計謀喪命時，其臣子豫讓為報仇不惜獻出自己的生命，這也使豫讓名揚後世。

然而，韓非子對此感到質疑，「這真的是正確的行動嗎？」如果豫讓是個真正有能力的臣子，應該在智伯遇害之前加以防範。

豫讓的作為如同亡羊補牢，對智伯毫無益處。

評論家員工亦如是，毫無建設性。

值得肯定的，只有那些能未雨綢繆、防患於未然的人。

批評公司的
評論家員工
我們公司這點真的不行啊。如果繼續那麼做，業績肯定上不去的。
對於評論家員工，只要展現堅定的態度，無須強行說服他們。
只要讓他們遵守規範即可。
中國的晉國智伯的臣子豫讓
智伯因他國的計謀而喪命。
豫讓
智伯
豫讓為報仇不惜獻出自己的生命。
真正有能力的臣子，應該在智伯遇害之前加以防範。
事後復仇，對智伯而言毫無益處。

對公司冷嘲熱諷的員工，針對問題進行適當處置即可。

60

利己主義會招致失敗

要留意以眼前利益為優先的人

◆一時的銷售額，不如穩定的收入來得實在

在這個世界上，有些人只追求自己的利益，完全不考慮他人的感受。

然而，這樣的人往往無法真正獲利。

汽車經銷商H看到自己的前輩W年薪高達2000萬日圓，便以「追上並超越W」為目標，拚命進行銷售活動。

H的銷售方式十分強硬，抓住一切簽約機會，不達目的決不罷休。

但是，這種作法也導致顧客對他的評價不佳，甚至在公司內部也備受批評。

像H這樣自私的員工，真的能實現自己理想的年收入嗎？

全球暢銷書《人類大歷史》的作者——歷史學家尤瓦爾・哈拉瑞指出：「人類之所以能主宰地球，是因為我們能夠以靈活多樣的方式進行大規模協作」。

換句話說，若僅以「自己能賺到錢就好」的態度行事，**這種行為背離了人類的本質，最終只會自取滅亡。**

H或許能憑藉一時的衝勁，暫時提高收入，但這種方式絕對無法長久。

◆被貪欲蒙蔽，國家與自身都將毀滅

「貪愎好利，則滅國殺身之本也。」（十過篇）

這句話的意思是「被貪欲蒙蔽，僅僅追逐利益，不僅會導致國家滅亡，也會使自身毀滅。」這是《韓非子》中〈十過篇〉（招致自我毀滅的十種過錯）的其中一項，但同樣適用於企業經營的狀況。

只顧著追逐利益的人，最終將走向自我毀滅。

《人類大歷史》的作者
歷史學家
尤瓦爾・哈拉瑞
人類之所以能主宰地球，是因為能夠以靈活多樣的方式進行大規模協作。
汽車經銷商H
我不僅要追上W前輩的業績，還要超越他。
同公司的前輩W年收入兩千萬日圓。
H的銷售方式十分強硬。
一旦有簽約機會，便會不停死纏爛打。
只要我能賺到錢就好。
顧客對他的評價不佳，在公司內部也備受批評。
這種背離人類本質的生存方式，最終只會自取滅亡。

自我中心的人，即使獲得一時的成功也難以延續。

如何應對無欲無求的部屬

必須要有新的動機

◆八成的年輕人都「不想升職」

貪得無厭的部屬是一個問題，但完全沒有慾望的部屬，同樣也讓人頭疼。

對於毫無企圖心的員工，上司往往感到難以駕馭。一位上市企業的人事部部長（60多歲・男性）曾說過：「對加薪毫無興趣，認為升職只是徒增麻煩的員工，最終會成為公司裡不必要的存在」。

更令人感到衝擊的是，根據日本轉職媒體「轉職網站比較Plus」針對2327名20至29歲年輕人進行的調查顯示，接近八成的受訪者都表示「不想升職」。

這些年輕人認為，比起更高的年薪和晉升機會，他們更重視能夠輕鬆請假及減少加班時間。這種將工作與生活平衡視為首要目標的態度，正是當代年輕人的價值觀所在。

面對這樣既不追求金錢也不看重名譽的「難以駕馭的員工」，**上司需要重新思考如何讓他們投入工作。對於管理者而言，這需要全新的管理模式。**

◆沒有慾望的人難以驅使

「不可以罰禁也，不可以賞使也。」（姦劫弒臣篇）

在古時候的中國，有伯夷與叔齊這對清廉無私的兄弟。儘管周武王想將天下大位讓給他們，他們仍選擇隱居首陽山，甚至餓死不接受分毫。

對於像他們這樣的人而言，無論是懲罰還是獎勵，均無法產生任何作用。

在現代企業中，這類缺乏動機的員工對於管理者來說，確實是一種挑戰。

與企圖心相關的調查
網路媒體「轉職網站比較Plus」針對2327名年輕人進行的調查。
接近8成
並不希望升職。
不用加薪也沒關係，比較想要輕鬆地工作。
希望能夠輕鬆獲得休假機會。
沒有慾望的部屬，難以駕馭。
該怎麼讓他們投入工作呢……
全新的管理方式
是必要的。

對於晉升和加薪都沒興趣的員工，
終將成為公司內不必要的存在。

能力好卻傲慢的部屬

能夠感知對方心理的「EQ」的重要性

◆不僅檢視IQ，還要注重EQ

即使員工能力再強，若缺乏常識，也會帶來極大的麻煩。他們可能與客戶發生衝突，或者在公司內部引起紛爭。

S是一位在廣告代理公司工作的新人，兩年前以社會新鮮人的身分加入公司。他畢業於名校T大學，學業成績優異。背負著眾人期待入職的他，卻常令直屬上司感到頭痛。

上司將重要的客戶交給S負責，但他獨自前往拜訪時卻激怒了對方。

S對廣告知識有深入的研究，甚至令公司中經驗豐富的廣告專業人士也讚嘆不已。然而，當客戶方的負責人提出方向錯誤的意見時，他卻直接回應：「這個概念完全錯誤。以這樣的方式進行宣傳，肯定會失敗。」說完，他還以教師的口吻滔滔不絕地講解一大堆行銷理論，導致客戶深感不滿並憤然離去。

雖然上司曾多次提醒，但S的反應始終是：「咦？為什麼？」毫無改進的跡象。

這讓上司深刻反思，「未來招募人才時，不僅要考量IQ，還需要仔細評估EQ」。

◆缺乏常識的行為最終會害到自己

「**行僻自用，無禮諸侯，則亡身之至也。**」（十過篇）

這句話的意思是「沒常識的行為，且對外國諸侯無禮，將導致自我毀滅。」

中國楚靈王曾在申國召集諸侯開會，卻因宋國太子遲到，便將其囚禁。

不久之後，楚靈王南征途中遭遇臣子叛亂因而終喪命。

所謂「自作自受」就是指這樣的事吧。

在廣告代理商任職的S，畢業於知名T大學，學業成績優異。
曾是備受期待的新人。
直屬上司卻為他感到頭痛。
拜訪客戶時
這個概念是錯誤的！這樣的宣傳方式，肯定會失敗。
滔滔不絕地講解一大堆行銷理論。
惹得客戶非常不高興。
注意你的言詞。
咦!?為什麼？
能力強卻缺乏常識的部屬，也是個大問題。
未來招募人才時，不僅要考量IQ，還需要仔細評估EQ。

沒有常識的部屬，容易引發衝突。

如何應對沉迷於興趣的部屬

不要搞錯工作與興趣之間的平衡

◆忽視工作的員工無法成為戰力

擁有興趣是一件美好的事情，但不能過於沉迷而忽視工作。無論這位員工多有魅力，在公司裡都會被視為「戰力外」的冗員。

昭和五十年代至平成年間，一部名為《釣魚迷日誌》的漫畫廣受歡迎。這部作品講述了萬年普通員工「阿濱」因釣魚結識了中年大叔「蘇先生」，並拜其為釣魚師父的故事。而這位蘇先生其實正是阿濱所任職的大企業的社長。

對不考慮升遷的阿濱而言，蘇先生的身份並不重要。這兩位釣魚迷之間建立了特別的友情，是非常溫暖的故事情節。

在昭和至平成初期，日本經濟繁榮，人們十分樂見這類氛圍輕鬆溫暖的漫畫。然而，若阿濱到了五十多歲時因公司裁員而失去工作，蘇先生是否會伸出援手呢？

除了釣魚之外，也有不少員工對於衝浪、音樂等活動抱持著興趣。一個能夠全心投入自己興趣的人，往往具有人格魅力。但是，**若這種熱情過頭，導致員工在工作時間打瞌睡，那麼這位員工便不再是值得期待的對象了。**

◆如何處理過於沉迷的部下

「耽於女樂，不顧國政，亡國之禍也。」（十過篇）

這句話的意思是「若統治者沉迷於歌舞女樂而不顧國政，必將導致國家的毀滅。」

同樣道理，作為管理者也必須透過有效的管理手段，確保部屬不因過度沉迷於興趣而忽視工作。

擁有興趣是一件美好的事情。
能夠全心投入興趣的人，往往具有特殊的人格魅力。

但若過於沉迷興趣，因而怠於工作，便無法成為公司的戰力。
ZZZ

若沉迷於興趣而不顧國政，必將導致國家滅亡。

興趣雖然可以豐富人生，但是切勿沉迷而誤了正事。

部屬也有背叛的可能性

做好風險管理的心理準備

◆切勿過度信任部屬

只專注於防範外部敵人，而忽略內部的潛在威脅，往往會在不知不覺中遭受內部的背叛。

以町工廠為舞台，描繪中小企業與大企業激烈對抗的日本電視劇《下町火箭》中，就有不少反派角色與背叛者接連登場，誰是敵，誰是友，直到最後一刻才見分曉。

劇中主角──佃航平（阿部寬 飾）的個性與熱情常常打動人心，甚至令一些原本的反派角色倒戈，成為他的夥伴，情節發展相當引人入勝。

但現實中，部屬通常表面看似忠誠，內心或許正暗中伺機奪取上司的位子。

如果**對這樣的部屬抱有百分百的信任，毫無保留地袒露心聲，那麼部屬有可能利用這些資訊威脅上司的地位。**

◆防範內部出現背叛者

「禍在所愛。」（備內篇）

即使是最值得信賴的部屬，也不應掉以輕心。應該抱有「萬一發生了……」的風險意識，隨時為突發事件做好準備。例如，「財務管理」應避免由單一員工全權負責，採取雙重審查制度。「資訊管理」應強化安全檢查。關於員工的私德方面，則可透過內部培訓提升員工在個人行為上的自律。

在制定經營策略時，管理層常將重點放在外部威脅上，卻忽略內部的風險防範。然而，真正穩健的組織建設應首先確保內部不出現背叛者。

為此，必須確實築起員工之間的信任關係，並努力加以維持。

用心打造團結一致的組織，才能有效應對外部威脅及瞬息萬變的社會環境。

下町火箭
反派、背叛者接連登場，讓人分不清角色是敵是友。
在上司面前看似順從的部屬。
其實正對上司的職位虎視眈眈。
對部屬不能給予百分之百的信任。
應該抱有「萬一發生了…」的意識，隨時為突發狀況做好準備。
財務管理應採取雙重審查制度。
資訊管理應強化安全機制。

敵人不只在外部，也有潛伏在內部的可能。

看穿對方的真心

如何引導出對方令人意外的一面

◆假裝不知道並試著提問

如果想更深入了解部下，最有效的方法之一是假裝不知道來進行提問。

假裝一無所知並不露聲色地帶入話題，往往能挖掘出對方意想不到的一面。

某服飾品牌的生產管理部長Y，就曾利用這種技巧探查部屬對工作的認真程度。

例如，當詢問「最近用過庫存管理系統後，你有什麼想法？」這個問題前，Y已對系統的問題點與改善方向有些想法了。

不過，他刻意隱藏自己對系統的了解，讓部屬在輕鬆的氣氛下暢所欲言。

一位部屬回答：「我覺得無法即時掌握庫存動態是最大的問題。」

這正好切中Y認為的問題所在，他也因此對這位部屬的認真態度刮目相看。

相反地，另一位部屬則回答：「庫存管理系統嗎？應該沒什麼問題，運作得挺順暢的。」這樣不假思索的回應，立刻暴露出對方平時「裝模作樣」的工作態度。

◆戰國時代就存在的「人心掌握術」

「挾智而問，則不智者至。」（內儲說上篇）

這句話的意思是「即使已經知道答案，假裝不知來詢問，才能看清整個全貌」。

擅長人際互動的人，經常會運用這種高明的溝通技巧。韓非子將此視為掌握人心的策略之一。他在洞察力方面的過人之處，著實令人佩服。

服飾品牌的生產管理部長Y先生
想要了解部屬對工作的認真程度，可以用「假裝不知道」的方法來提問哦。
最近，對於庫存管理系統有什麼使用心得嗎？
說到這個，我覺得無法即時掌握庫存動態這點，是個需要改善的問題點。
這正好切中Y認為的問題所在。
不假思索
沒什麼大問題，運作得挺順暢的。
就算平常裝作在工作的樣子，這種時候還是會不經意地露出馬腳。
即使已經知道答案，卻假裝不知道並來提問，才能看清全貌。

[刻意裝傻，就能讓部屬放下戒心，說出真心話。]

嘗試出其不意的提問

鼓勵部屬自行動腦思考

◆嘗試「開放式問題」

過去的求職面試中，有一種名為「壓力面試」的方法。面試官會透過突如其來的提問，試圖看穿求職者的本質。例如，採用威嚇態度、否定回答、反覆提問，甚至全程冷漠無視等方式，甚至讓一些學生留下難以抹去的心理陰影。

然而，對待部屬時，更適合採用「開放式問題」的方法。

與僅能用「是」或「否」作答的「封閉式問題」不同，開放式問題能引導部屬下自行思考並提出見解。

舉例來說，當你發現某位部屬愁眉不展地埋首工作時，若直接問：「有什麼問題嗎？」可能只會得到「沒有」的簡單回應，而不了了之。

但如果改問：「你覺得工作有趣嗎？」「什麼部分讓你有這樣的感覺？」便能促使部屬深入思考，逐步表達自己的感想，進而切入問題點的討論。

◆上司的一句話，其實影響深遠

「使人問他則不鬻私。」（內儲說上篇）

這句話的意思是「向臣子提一些意想不到的問題，對方便無法掩飾真實情況」。

古代宋國的宰相派祕書官巡視市場，得知南門外被牛車堵得水泄不通。隨後，他責問管理市場的官員：「市場門外的牛糞堆滿地，這難道不是你的責任嗎！」官員大為震驚，沒想到宰相會了解如此細節。此後，他再也不敢怠忽職守。

由此可見，上司的一句意外提問，不僅能提醒部屬正視工作上的問題，還能激勵他們以更積極、警覺的態度投入工作。

封閉式問題
對話會停留在「是」與「不是」就結束了。
有遇到什麼問題嗎？
沒有。
開放式問題
工作開心嗎？為什麼開心呢？
部屬經由思考後，陳述自己的感想。
對部屬可以提出「開放式問題」。
宋國的宰相
派出祕書官到市場巡視。
市場擠滿了牛車。
市場門外的牛糞堆滿地，難道不是你的責任嗎！
宰相怎麼會如此了解細節。
向臣子提一些意想不到的問題，對方便無法掩飾真實情況。

捨棄封閉式問題，改以開放式問題，問出對方的真實想法。

試試看故意說反話

誘導對方說出隱藏的真意及情報的訣竅

◆試探部屬的反應，揭示內心想法

刻意對部屬說出與事實相反的話，有時能根據對方的反應窺探出他們的真意。

「試探」（日語稱為「カマをかける」）中的「鎌（カマ）」一詞，原指古時候生火時使用的火鎌，透過與火石碰撞引燃火焰。也有一種說法認為，這個動作比喻為試圖收割部屬內心真實想法的表現。

雖然有人可能覺得「領導者試探部屬不夠坦誠」，但是，管理者若缺乏敏銳的觀察能力，往往難以真正了解部下的心理動態。

任職於化妝品公司的S正因為受到同事A的欺壓而煩惱不已。

不過，以一般方式詢問時，S卻不願意鬆口談這件事。於是，主管便選擇試探對方，主動提出一個與事實相反的假設：「S，你最近對A的態度是不是有點苛刻？」

S立即激動地將心聲脫口而出：

「完全相反！其實是我被他欺負得很慘！」

像這樣透過故意以錯誤資訊試探部屬的方式，也能引導部屬說出隱藏的真相。

◆揭露不誠實員工的方法

「倒言反事以嘗所疑則姦情得。」（內儲說上篇）

這句話的意思是「故意說反話並採取相反行動，可以測試疑點並看清對方的真意。」

古代燕國的大臣子之在會議中故意提問：「剛才從門前跑過的，是白馬嗎？」他的親信大多回答：「沒看到。」但其中一人立刻追了出去，隨後回來報告：「的確有白馬經過！」這明顯是捏造的謊言。通過這一試探，子之迅速辨識出此人不誠實的本性。

刻意試探部屬的心理
故意說出與事實相反的話，可以旁敲側擊出對方的真意。
在化妝品公司上班的S，
受到同事A的欺壓而煩惱不已。
直接問她，應該也不好開口吧。
上司決定旁敲側擊地試探。
你最近對A是不是有點太苛刻啦？
激動
嗯嗯，我都知道了。
被欺負而感到困擾的其實是我!!

故意說反話，引出真心話。

第8章

讀懂對方的心

以「傾聽祕訣」獲取信任

應用於職場的傾聽能力

◆「傾聽的祕訣」六法

阿川佐和子的著作《阿川流傾聽對話術》銷售量突破百萬冊，書中探討了如何用心傾聽的技巧，讓厭惡媒體的政治家到十幾歲的偶像都能向她敞開心扉。

這些了解對方真意的「傾聽祕訣」，也能運用在職場上。舉例來說，具體的方法有：

「面向對方」、「抱著興趣傾聽」、「全心投入對話」、「以傾聽促進對話」、「讓對方從中獲得能量」、「表達對對方的尊重」。

優秀的上司通常也擁有高超的「傾聽力」。

與部屬交流時，應避免強行灌輸自己的意見，而是靈活運用這六條「傾聽技巧」。

當部屬開始訴說時，管理者應注意從中捕捉他們平常的不滿、不安或困惑。進一步詢問問題的根源及可能的解決方案，並且耐心傾聽，部屬會感受到「自己的話被重視」，從而更加願意接受上司的建議和指導。

◆建立深入溝通的基礎

「大意無所拂悟，辭言無所繫縻，然後極騁智辯焉。」（說難篇）

這句話的意思是「不否定對方的意見，留意表達方式，然後展現自己的知識和口才」。

這也是上司與部屬溝通的基本方式。即使明知他們的想法存在錯誤，**也應優先運用「傾聽的祕訣」，讓對方感到被接納，進一步拉近彼此的距離。**

投過上述方式，便能取得部屬的信任。

當部屬願意主動傾聽上司意見時，就已經奠定了問題解決的良好基礎。

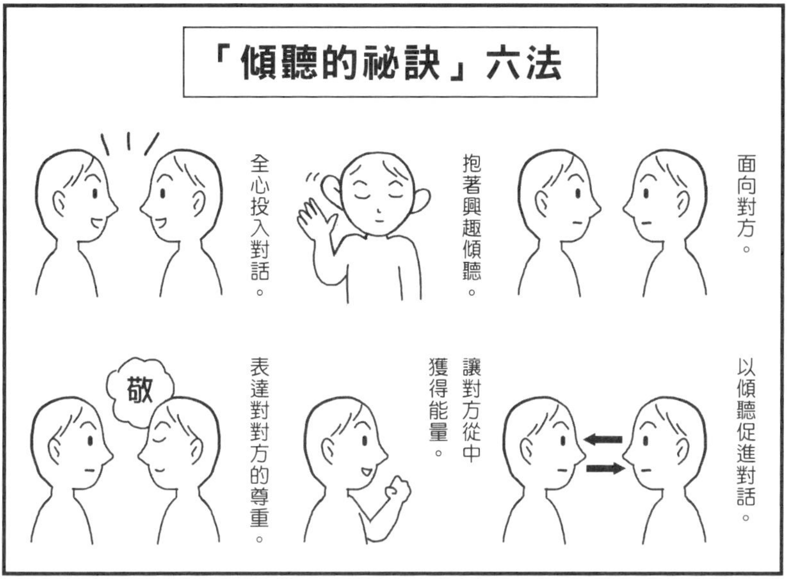
「傾聽的祕訣」六法
面向對方。
抱著興趣傾聽。
全心投入對話。
以傾聽促進對話。
讓對方從中獲得能量。
表達對對方的尊重。
敬

優秀的上司通常也擁有高超的「傾聽力」。
從對話中發現部屬的不滿與不安。
原因是什麼？
解決問題

不急著否定對方，運用「傾聽的祕訣」，讓對方感到被接納，進一步拉近彼此的距離。

優秀的上司通常也擁有高超的「傾聽力」。

察覺危險，防患於未然

以敏銳的洞察力審慎行動

◆領袖需具慧眼

作為一名領導者，必須擁有敏銳的洞察力。具有敏銳洞察力的人，我們會用「具有慧眼」來形容。而「慧眼」一詞源自佛教，意指洞悉事物本質的能力。另外還有「肉眼」、「天眼」、「法眼」、「佛眼」等詞彙。

例如，某企業透過合法的節稅策略免繳法人稅，雖無違反稅法，但在網絡輿論對逃避法人稅問題高度敏感的背景下，可能因此引發公眾批評。

領導者就需要具備提前預測這種危機的能力，及時制定應對策略，這正是企業能夠穩定營運的關鍵所在。

◆正確迴避危險的方法

「夫智者知禍難之地而辟之者也。」（難二篇）

意思是「智者能預見危險，並設法避開」。應該在危險來臨之前察覺其徵兆，並提前預備，而非在危機爆發後才匆忙應對，才能有效迴避危險。古代的周文王曾因功績卓越而引起暴君商紂王的忌憚。為了化解對方的敵意，文王主動將大片領土獻給紂王，希望此舉能緩和紂王的暴戾行為。

孔子對此讚嘆：「文王真是智慧之人，犧牲千里土地，卻贏得天下人心。」然而，韓非子卻持不同看法。

他認為，文王因得人心而遭忌恨，若進一步贏得更多人心，反而可能加深紂王的敵意。

由此可見，為了迴避危險，僅僅討好對方並非最佳策略。領導者應憑藉深刻的洞察力，謹慎判斷每一個行動。

不應在危機爆發後才匆忙應對。
預先做好準備才能及時閃避危機。
傳聞中的殷商暴君紂王。
文王
周文王因功績卓越而引起紂王的忌憚。
紂王
文王將大片領土獻給紂王，希望能緩和紂王的暴戾行為。
充滿智慧的文王，能贏得天下人心。
孔子
我不這麼認為。文王就是因為得人心而遭忌恨，若進一步贏得人心，反而可能加深紂王的敵意。

事前洞察人心及輿論並預先做好準備，才能及時應對。

70

職場氣氛是由上司打造的

管理最重要的一件事

◆職場成效的關鍵在於管理者

上司的核心職責是支持部屬，讓他們能夠持續以最佳狀態投入工作。

某企業的人事部曾進行了一場獨特的實驗。他們將公司內部的各個部門分為「綠色」、「黃色」、「紅色」三個組別，「綠色」代表在生產力、收益能力、員工忠誠度與留任率皆表現優異的部門，「黃色」是表現中規中矩的部門，「紅色」則代表各項指標均落後的部門。接著，公司將「綠色」與「紅色」部門的管理者全數對調。

結果，「紅色」部門因而變為「綠色」，而「綠色」部門則轉為「紅色」，無一例外。

這項實驗說明，職場的問題根源多數來自於管理者。若期待企業能有所成長，就需高度重視上司在整體營運中的作用。

要讓部屬願意積極投入工作，就必須做到公平的評價。上司需摒棄偏見，客觀評估部屬的能力與潛力。此外，提供部屬成長的機會，幫助他們規劃職涯藍圖，也是上司的工作之一。讓部屬感受到工作的樂趣，也能從而提升部門整體績效。

◆創造令人樂於工作的職場

「人不樂生則人主不尊。」（安危篇）

在韓非子的時代，君主是否受尊敬取決於臣民是否感到生活愉快。企業運作也是同樣的道理，若部屬在職場中無法感受到工作的樂趣與價值，上司也難以獲得尊敬。

因此「為員工創造良好的工作環境」是身為管理者最重要的責任。

君主是否能受到尊敬，取決於臣民是否感到生活愉快。
企業亦然，若部屬無法感受到工作的樂趣與價值，上司也難以獲得尊敬。

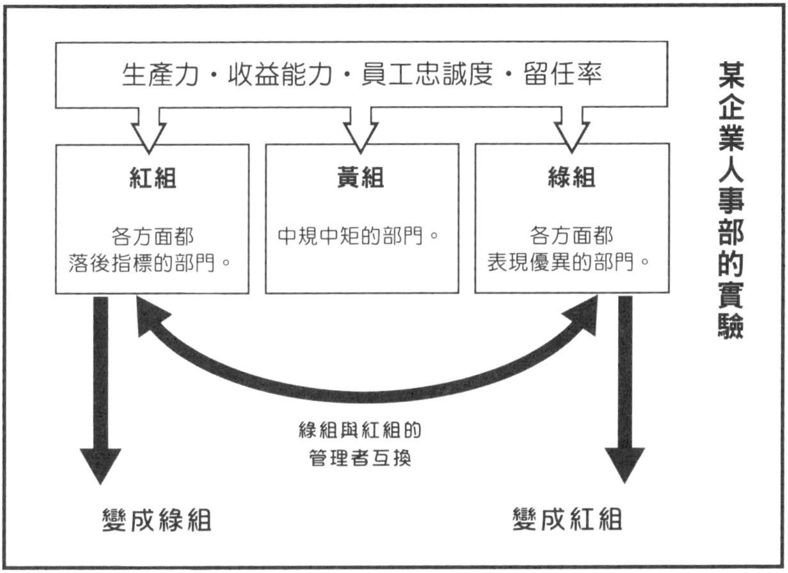
某企業人事部的實驗
生產力・收益能力・員工忠誠度・留任率
紅組
各方面都落後指標的部門。
黃組
中規中矩的部門。
綠組
各方面都表現優異的部門。
綠組與紅組的管理者互換
變成綠組
變成紅組

公司是否能成長，可以從管理者略知一二。
三位管理者
讓部屬樂於工作，是上司的職責。

讓部屬感受到工作的樂趣，也能從而提升公司的發展。

避免讓員工從事不願意的工作

讓員工從事不適任的工作，對公司毫無益處

◆員工不是棋盤上的棋子

你的部屬是否真心喜歡他們正在從事的工作？

若將討厭撰寫文章的員工指派去製作文件，或讓不擅長與人打交道的員工負責接待等，**讓員工從事他們沒有興趣的工作，只會導致工作意願降低、效率下降。**

某電信公司的職員O在三年前進入公司，以內勤人員身份負責支援忙碌的銷售人員。她十分樂於與客戶溝通和製作宣傳單，每天的工作都很愉快且充實。

但是，O某天突然接到上司的通知，要求她調往會計部，理由是公司該部門「人手不足」。對於喜歡與人交流的O來說，這種幾乎不需與人接觸的工作令他感到非常痛苦。

在這份工作中，他找不到任何成就感，更被新上司評為「無能的部屬」。備受打擊的O，最後選擇跳槽至同業的另一家公司。

將員工指派到不適合的崗位，對公司而言只有損失，沒有任何益處。

◆強迫員工從事不喜歡的工作只會招來怨恨

「人臣失所長而奉難給，則伏怨結。」(用人篇)

韓非子認為「若上司不讓部屬發揮長處，反而強迫他們從事不適合的工作，只會讓部屬對上司心生怨恨」。

一旦員工士氣低落，也無法為公司帶來任何益處。因此，**企業在進行人員調配時，必須慎重考量。**

任職於電信公司的O小姐。
負責支援銷售人員，製作傳單、與客戶溝通。
每天工作都很愉快且充實。
要請你轉調到人手不足的會計部。
對喜歡與人交流的O來說，會計的工作十分痛苦。
發票又打錯了！
O小姐決定離職。
不讓部屬發揮長處，反而強迫他們從事不適合的工作，只會讓部屬心生怨恨。

讓員工從事不適任的工作，對公司毫無益處。

72

指派順應時代的工作

讓人產生工作動力的訣竅

◆因應社會需求的工作才能產生成果

將「符合時代需求的產品開發」交給部屬，是非常重要的。若商品符合現今社會的需求，員工的工作意願也會隨之提升。

以製造業為例，隨著時代的變遷，其商業模式也在不斷改變。製造業傳統上是一個生產商品的產業，但僅僅依賴生產和銷售商品的商業模式，已經逐漸過時。即使企業招募了優秀的人才，如果仍然強迫他們採用「這個產品一週內賣出1000單位」的老舊銷售模式，他們的幹勁也會迅速消失。

隨著價值觀的多樣化和大量生產的式微，現代社會所需要的是解決使用者困擾的「體驗型商品」（也稱為「解決方案型商品」）。透過提供「體驗」而非單純的「產品」，才能贏得客戶的青睞。

製造業員工的工作，也不再只是單純地銷售產品，而是需要站在使用者的角度，向使用者一樣去體驗產品，並透過調查問卷和訪談收集數據，進行數據化分析。從滿足客戶需求的角度出發，將工作指派給員工，不僅能讓他們感受到工作的未來潛力，還能激發他們的工作意願。

◆創造「客戶需求」

「非天時雖十堯不能冬生一穗（中略）**，得天時則不務而自生。」**（功名篇）

這句話的意思是「若能順應天時，即使不努力，也會自然產生成果」。

只要能提供符合時代潮流的商品或服務，客戶必定會支持。

反之，即使產品或服務再好，如果不符合當代需求，也終究難以獲得青睞。

體驗
解決使用者困擾的
「體驗型商品」。
產品
大量生產的「產品型商品」
以使用者的觀點出發，
進行調查問卷和訪談。
這個商品要在一週內賣出一千單位。
未來
讓員工負責「體驗型商品」，不僅能讓他們感受到未來潛力，還能激發他們的工作意願。
若能順應天時，即使不努力，也會自然產生成果。

若能參與符合現今社會需求的工作，
員工的工作意願也會隨之提升。

13

磨練交辦工作的技巧

讓部屬獲得自信的建議

◆讓部屬理解工作的本質

即使上司能力出眾，「現在要如何將工作交給部屬辦理？」這件事的價值卻比上司過去的卓越成績更重要。

當上司要交辦任務時，應讓部屬明白：「我們完成這項工作的目的是什麼」，藉以提升部屬的自我效能感。

具體來說，就是花時間細心講解工作的本質。確保部屬能充分理解這份工作的目的，會為公司或團隊帶來什麼影響，以及為何選擇交由他們完成。

當部屬理解後，再透過激勵的話語如：「我相信你能做到！」來提升他們的信心，同時做好協力的準備，溫暖地推動他們向前。

初期階段，讓部屬承擔工作或許會耗費更多時間，比自己直接執行的效率更低。然而，耐心的支持和陪伴，才能一步步培養出有能力獨當一面的部屬。

◆上司切勿代替部屬完成工作

「有賢而不以行，觀臣下之所因；有勇而不以怒，使群臣盡其武。」（主道篇）

韓非子指出，作為領導者「必須擺脫展現自我才能的心態，朝著更成熟的方向邁進，成為一個真正能帶領他人的人」。

許多領導者可能會因而不耐煩地想著：「如果是我來做，或許一個月就能簽下20筆合約！」但是，這樣做是沒辦法讓部屬成長的。

領導者應具備包容部屬的胸懷，學會分配工作並培養他們的能力，而非親自涉入每一項細節工作。

上司所需要的，是帶給部屬自信的能力。

啟發部屬的智慧

你是指示型主管還是引導型主管？

◆引導型主管是公司的司令塔

每個人的智慧是有限的。

與其靠自己思考，不如學會從他人身上引導出自己所沒有的智慧，並將之發揮到極致。

許多主管容易犯的一個錯誤，就是「習慣給出指示」。

由於上司的工作經驗往往比部屬豐富，他們具備更多的知識和判斷力，但若主導比例過高，可能會抑制部屬的潛力。

思考「如何讓部屬的個性與優勢發揮至最大的效用？」業務的可能性也將成倍擴大。

這樣不僅能激發出意想不到的創新想法，還能從年輕的觀點中汲取寶貴的意見。

因此，未來的理想領導者，應該是能夠為部屬創造表現舞台，並且能夠提升團隊整體實力的「引導型領導者」。

那些能夠充分發揮部下潛能、營造出最佳環境的人，無疑是新時代創造未來的司令塔。

◆捨棄智慧以收穫更高深的智慧

「是故去智而有明。」（主道篇）

韓非子認為「優秀的領導者必須捨棄自己的智慧，才能獲得更明智的洞見」。

每個人都希望在社會中展現自己的能力，並獲得他人的認可。然而，作為領導者，必須捨棄這種自我實現的欲望。

真正的領導者，應該將目光聚焦於團隊的成功，並致力於讓部屬發光發亮。

大家需要的是「引導型」的領導者。

75

培養深度洞察力

領導者應由事物的深層面進行解析

◆追蹤金錢的流向

敏銳的洞察力是每位領導者不可或缺的能力。

例如，當事件發生而無法確定肇事者時，領導者應該從中尋找是否有人因該事件而受益。這就是為什麼要「追蹤金錢的流向」的原因。

古時候，昭奚恤治理楚國時，有人縱火燒了米倉和畜糧倉的屋頂。昭奚恤便命令官員調查茅草商人，結果發現正是該商人縱火。

因為屋頂被燒毀，便會產生修復的需求，而商人正是想藉此獲利。

在現代社會，許多事件背後也藏有類似的利益關係。最為顯而易見的案例，便是保險金詐騙。

例如，二〇〇五年十月日本福岡縣北九州市發生了一起「保險金謀殺案」。隔年被逮捕的42歲的女性嫌犯，為擔任郵局職員的丈夫投保了高達1億3000萬日元的人壽與意外保險。她與共犯之間的殺人計劃因電子郵件曝光而被定罪。

這名女子因婚姻不幸而想離婚，但對離婚後的經濟生活感到不安，最終為了確保離婚後的生活費而動了殺機。

從金錢流向中，我們便能看見真相的全貌。

◆洞悉事實的背後

「事起而有所利，其尸主之。」（內儲說下篇）

當一件事發生時，領導者必須具有思考「是誰從中受益？」的洞察力。

作為領導者，不應僅憑眼前所見的表象來做出判斷，而應該深入挖掘事件背後的真相。

領導者應具備敏銳的洞察力，積極發掘事件背面的真相。

76

以性惡說看待部屬

小小的判斷錯誤，就可能輸掉整場戰局

◆對部屬可以「信任」，但不能「託付」

本書中曾多次強調要多加信任自己的部屬。因為這是一本針對令和時代的Z世代部屬的管理書。

不過，以韓非子的觀點來看，「這種想法還是太天真了」。他認為**我們對部屬可以「信任」，但不能「託付」**。「信任」是基於過去的績效與成果作出的評估。

「託付」則是對未來的行動抱有期待。

歷史上有一個典故，晉文公在逃亡途中，有家臣箕鄭隨行護衛，但在過程中他們迷失了方向。箕鄭隨身帶著便當，但即使飢腸轆轆，也不曾動用便當，選擇忍耐到底。後來，文公順利返國並登上王位，因感念箕鄭「忍耐著艱辛，沒有動用便當」，便將他任命為原城的長官。然而，這一決策卻招致大臣們的批評，認為文公的決策過於輕率、天真。

在那個時代，任何微小的判斷失誤都可能導致致命的後果。作為一國之君，僅因為一個人沒有在飢餓時動用便當就對其完全信任，顯得太過天真了。

◆應該採用性善論還是性惡論？

「故明主者，不恃其不我叛也，恃吾不可叛也。」

（外儲說左下篇）

我們應該記住一個重點，不能期待部屬不會背叛，而是應該建立一個讓部屬無法背叛的環境。

日本企業大多秉持孔子所倡導的性善論，而美國企業則更多採用韓非子的性惡論。

對於在國際競爭中落後的日本企業來說，韓非子的性惡論可能是一劑改變現狀的「猛藥」。

信任
對過去的績效作出的評價。
託付
對未來的行動有所期待。
對部屬可以「信任」，但不能「託付」。
晉文公在逃亡途中迷路。
家臣箕鄭雖帶著便當，卻忍耐著不吃。
文王回國後登上王位。
箕鄭當時忍著飢餓，沒有吃便當，可以將縣城交給他管理。
不能因為這點小事就信任他！
太天真了！
韓非子的性惡說
不能期待部屬不會背叛，而是應該建立一個讓部屬無法背叛的環境。

無論表面上多麼忠誠，也不能給予完全的信任。

第 9 章

機智地取勝

故意讓對方放下戒心

優秀的人會觀察時機

◆在關鍵時刻展現實力

《孫子兵法》中曾提到一種名為「詭道」的戰略。簡而言之，其核心在於欺敵。**藉由讓對手掉以輕心，便能在短時間內進入決戰並獲得勝利。**

「始如處女，敵人開戶，後如脫兔，敵不及拒。」

這句話的意思是：**一開始表現得謙和低調，讓對手放鬆戒心，在此期間悄悄積累實力**；等到關鍵時刻，再以迅雷不及掩耳之勢擊潰對手。

舉例來說，剛轉職時，若從第一天就賣力地工作，可能會引發周圍同事的排擠，甚至被壓制。相反地，先保持低調，默默積蓄力量，待時機成熟再展現真正實力，反而能壓倒競爭對手，順利晉升。

韓非子亦提到類似的策略，教人如何有效地應對敵人。

◆如何讓對手放鬆戒心並取得勝利

「將欲敗之，必姑輔之，將欲取之，必姑予之。」

（說林上篇）

這句話的意思是「若想擊敗對手，可以先暫時給予些許好處，讓對方掉以輕心，直至對方毫無防備時一舉奪下。」

歷史上有這樣的例子：智伯曾要求魏宣子分出領土一部分給他。魏宣子原本想拒絕，但身邊的要臣任章卻說：

「若此時割讓土地給智伯，他便會掉以輕心。我們可利用這段時間與周邊國家結盟，再聯合起來討伐智伯。」

僅憑一國之力或許沒辦法戰勝智伯，但是與周邊國家結盟便能與之對抗。魏宣子便決定讓出部分土地給智伯，隨後與鄰國聯盟，最終成功擊敗智伯。

孫子兵法
【詭道】讓人鬆懈後取勝
新人若從第一天就賣力地工作，可能會引起周圍同事的反彈。
一開始，建議先保持低調，默默積蓄力量，待時機成熟再展現真正的實力。

智伯
把一部分的領土分給我吧！
原本是想拒絕的。
魏宣子
若此時割讓土地給智伯，他便會掉以輕心。我們可藉此機會與周邊國家結盟，再聯合起來討伐他。
要臣・任章

魏宣子便將部分土地割讓給智伯，再與其他國家結盟，擊敗智伯。
若想擊敗對手，可以先暫時給予些許好處，讓對方掉以輕心，直至對方毫無防備時一舉奪下。

真正有實力的人，會適時隱藏自己的能力。

冷靜地下決定

你能想像自己十年後的樣子嗎？

◆感到迷茫時，選擇你能想像的未來道路吧！

「應該向右走，還是向左走呢？」

人生是一連串的選擇。根據劍橋大學教授芭芭拉・薩哈基安（Barbara Sahakian）的研究，人在一天內就要做出多達35000次的決定。

正在求職的大學生Y，在多次的面試後，成功獲得兩間公司的錄取通知。

一間是大規模的教育企業，另一間是規模較小的出版社。大企業的起薪比出版社高出5萬日圓以上，福利也更加完善。然而，Y卻感到猶豫。

因為這間小型出版社的使命與他對教育的熱情非常契合。此外，出版社的員工們看起來都充滿活力。

於是，Y便趁著休假時在家放著自己喜歡的音樂，仔細地想像自己未來的樣子。

「如果進入大企業，難以想像出十年後的自己。就算能晉升為管理職、薪資提升，但那卻不是我人生追求的目標……」

最後，Y選擇了在小型出版社就職。

入職後，Y發現公司正如他所想，在這個可以開放、坦率的工作環境中，他能與同事們一起熱切討論教育的未來。

◆克服慾望，選擇正確道路

「恬淡平安，莫不知禍福之所由來。」（解老篇）

韓非子認為：「心無私欲，保持內心平和，便能看清災禍與幸福的源頭」。

當人被慾望遮蔽了雙眼，往往會誤入歧途；內心不安時，更容易做出錯誤判斷。因此，**我們應時刻保持內心的平靜，不讓慾望蒙蔽雙眼，從而做出明智的選擇**。

向右走？
向左走？
劍橋大學
芭芭拉・薩哈基安教授
人生是一連串的選擇。人在一天內就要做出多達35000次的決定。
求職中的大學生Y先生拿到了2個錄取通知。
好猶豫
大型教育企業
起薪高5萬日圓，福利制度也很完善。
小型出版社
與自己的理念相符。
趁著假日，認真地想像自己未來的模樣。
任職於大型企業的自己。
十年後，晉升管理職，年收入增加。
這不是我想要的人生。
Y最後選擇在出版社就職，每天工作都活力十足。

要走哪條路呢？人生就是一連串的選擇。

重視協調性

用心經營自己與周遭的關係

◆低調內斂，恰到好處

如果想要在公司中長久立足，絕對不能過於引人注目。

過分突出自己，可能導致被孤立或招致嫉妒，進而帶來慘痛的後果。

某企業培訓顧問公司的員工A先生，入職後便迅速嶄露頭角，在新員工培訓中取得了優秀的成果。不少企業甚至點名要求A負責培訓，連公司老闆都對他寄予厚望。

然而，A因此而得意忘形，犯下了大錯。他留了一頭顯眼的髮型、穿著搶眼的服裝，甚至在公開場合講些不合適的笑話，始終保持著過度亢奮的狀態。

如果他是經驗豐富的資深員工，這些行為或許可以被容忍，但A當時只是剛入職兩年的新人。他的種種高調舉動，引來許多資深員工的不滿與冷眼。

有些同事們也決定視情況與A保持距離。最後，A在公司連找個能輕鬆聊上幾句的人都沒有，陷入了孤立無援的境地。

◆脫離群體會危及自身

「離於群臣則必危汝身矣。」（外儲說左下篇）

韓非子的意思是「無論是在職場、家庭，還是一群志同道合的朋友中，一旦脫離群體，便會讓自身陷入危險」。

尤其對於以農耕文明為根基的日本文化來說，孤立幾乎等同於斷絕生存的可能性。

因此，**在職場中，我們也應該要注重與周圍人建立和諧融洽的關係。**

絕對不能過於引人注目
某企業培訓顧問公司的員工A先生
入職後便迅速嶄露頭角，取得了優秀的成果。
連公司老闆都對他寄予厚望。
A因此而得意忘形。留了一頭顯眼的髮型、穿著搶眼的服裝、
講些不合適的笑話，保持著過度亢奮的狀態。
種種高調舉動
資深員工的不滿與冷眼。
最後A陷入了孤立無援的境地。
脫離群體，便會讓自身陷入危險。
特別是以協調性為重的日本。
與周圍人建立和諧融洽的關係很重要。

如果無視周遭的人且過於顯眼，便容易遭到嫉妒。

不要過度相信自己的實力

首先必須了解自己

◆小者難以戰勝大者

對於中小型製造業者而言，**輕率地與大型企業進行業務合作，可能導致核心技術與專業知識的流失**。

例如，日本新潟縣的一家金屬加工公司曾與全球知名的蘋果公司合作，卻因此被竊取了技術。

儘管對於「我們的技術是獨一無二的」這點感到自豪，面對龐大的企業，仍可能被輕而易舉地擊潰。

◆不要被弱者的言辭迷惑

「內不量力，外恃諸侯，則削國之患也。」（十過篇）

這句話的意思是「若無法認清自身實力，並一味依賴外部力量，最終將導致國土被蠶食」。

在古中國，韓國的宜陽面臨秦國入侵時，就因為誤判而付出了沉重代價。

當時，韓國宰相——公仲期向韓王建議：「與秦國和解，獻上部分城池，同時聯合其他國家共同對抗楚國，藉此將秦國的威脅轉移至楚國。」韓王接受了這個建議，開始與秦國談和解。

然而，楚國得知此事後，為了保護自身利益，便對韓國展開了策略性回應。一些楚國顧問建議對韓國說：「雖然我們是小國，但願意全力動員軍隊支援貴國。」接著，楚王更宣稱：「我軍已經在朝秦國邊境進軍。」

韓王聽到這些話非常高興，便撤回了與秦國的和解協議。公仲期警告韓王：「若輕信楚國的甜言蜜語，輕視強大的秦國威脅，國家將陷入危險。」然而，韓王未予理會，最終韓國的宜陽仍被秦國攻陷。

若韓王能**更清楚認識自身實力，或許便不會遭受如此重大的損失**。

韓國的宜陽面臨被秦國入侵及滅城的危機。
秦
韓
韓王
與秦國和解，獻上部分城池，同時聯合其他國家對抗楚國，藉此將秦國的威脅轉移至別處。
楚
楚王
我們雖然是小國，但願意支援貴國。我軍已經朝秦國邊境進軍。
撤回與秦國的和解協議吧！
若相信楚國的甜言蜜語，輕視秦國，國家將陷入危險。
韓王仍然沒有聽進去。
韓國最後被秦國攻陷。
無法認清自身實力，並依賴外部力量，最終將導致國家滅亡。

認清自己的實力，與他人來往時保持警覺。

不要貶損對手

自己的言行未來可能會反彈到自己身上

◆惡言者亦被惡言

在人際關係中，總有些人會藉由貶低他人來提高自己的地位。例如，刻意提起同事以失敗告終的專案。

「對了，那個專案後來怎麼樣了？」

表面上裝作關心，實則揭人傷疤。

或者說：「那人之前還被課長罵過呢！」

更常見的是，某些人在接手新職務時，藉著否定前任者來塑造自身的良好形象。而前任者已經不在崗位上，也無法為自己辯解。

這樣的做法是剛到新團隊任職的經理人經常犯的錯誤。**因為今日的作為，日後遲早會以某種形式回到自己身上。**

或許當下或許會覺得順風順水，但在五年、十年後，這些言行可能如同迴力鏢一般回到自己身上。例如，當自己調任至其他部門後，繼任者也可能對自己進行類似的貶低。

這正是因果報應的真諦。

◆無害之心可致安穩

「無害人之心則必無人害。」（解老篇）

這句話的意思是「若無傷害他人的念頭，自然也不會遭到他人加害」。

當你遇到不喜歡的人時，若設法打壓或貶低對方，最終可能適得其反，招致危險。

若能拋棄妒忌的心，平淡地與之相待，便能避免招惹危害。

貶損他人的行為，毫無益處。

自己犯下的錯，會像迴力鏢一樣打回來。

最值得信任的還是自己的團隊

不要小看身邊的人際關係

◆珍惜自己主場的夥伴

近年來，越來越多的企業採用跨部門的扁平化合作方式。相較於以達成目標的「專案型組織」，這種部門之間的合作與聯動則為「團隊型組織」。

然而，**當突發問題出現時，最能依靠的仍然是自己的主場夥伴**。

任職於製造業公司管理部的Ｆ先生，主要負責經費報銷和記帳工作，同時也積極參與業務數位化的推進。

由於公司倡導跨部門協作，他經常跑去技術部，與那邊的同事討論如何更有效率地完成工作。

不過，Ｆ逐漸將更多的精力投入到技術部，無論是午餐還是聚會，他總是與技術部的員工在一起，只有必要時才待在管理部。久而久之，他與管理部的聯繫變得疏遠。

某一天，公司宣布要將全公司的經費重新審核。本應該是需要部門內同心協力的工作，但管理部的同事卻完全無視了Ｆ。最終，他只能孤身一人推動改革。

◆遠水救不了近火

「遠水不救近火也。」（說林上篇）

當火災發生時，需要有水來滅火。即使知道河裡有大量的水，卻因距離過遠而來不及救援。因此有「遠水救不了近火」的說法。

這句話正如俗語「遠親不如近鄰」的意思，**當危機突如其來，最能第一時間提供幫助的，仍是離自己最近的伙伴**。

發生火災時，
遠處的水源
無法撲滅火勢。
水
遙遠

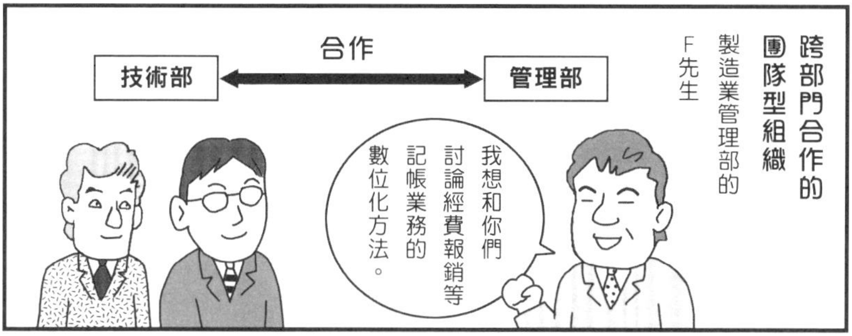
跨部門合作的
團隊型組織
製造業管理部的
F先生
管理部
合作
技術部
我想和你們
討論經費報銷等
記帳業務的
數位化方法。

F越來越常
待在技術部。
午餐和聚會也都
和技術部一起，
與管理部的夥伴
關係逐漸疏遠。

公司決定重新
審核整體經費，
管理部的職員們
卻都無視F。
F最終
只能獨自
推動改革。
發生突發狀況時，
能夠依靠的
還是只有
主場的夥伴。

[不要小看身邊的人際關係。]

不要開闢名為「例外」的捷徑

上司和部屬都應該要嚴格遵守規則

◆員工違規須接受懲罰

為了有效管理部屬，企業需制定清晰明確的內部規則。**一旦訂下規則就必須堅持不懈地執行，絕不能允許任何特例。**

例如：機密檔案的保護規定、防範霸凌（如職權騷擾、道德騷擾、性騷擾）的政策，或是禁止酒駕、騷擾及偷拍行為、杜絕毒品濫用……等等。

若員工不遵守規範，發生不當行為，將對公司的聲譽造成毀滅性影響。一些員工可能心存僥倖，認為「不會被發現」、「這點小事無關緊要」，進而觸犯規定。即使公司對員工進行過教育和培訓，仍難以杜絕個別的不良員工。

因此，為了讓每位員工都深刻理解規則的重要性，必須反覆強調「違規將導致嚴重後果」，並貫徹執行。

◆有例外，就會有人違規

「知必死，則天下不為也。」（內儲說上篇）

這句話的意思是：「如果明確知道違規會帶來致命懲罰，那麼即使再大的利益誘惑，也不會有人去觸碰禁忌」。

因此，對違反規則的人員必須進行嚴厲處罰，不得留有任何例外。若違規行為得不到應有的懲罰，將會助長更多違規犯法的風氣。

有些管理者往往對自己要求嚴格，對他人卻過於寬容；或在部屬苦苦哀求下，心軟放過違規行為。

如果不能堅守原則，最終將危及公司的生存。

一旦訂下規範，就必須澈底遵守與執行。

透過表揚讓部屬充滿動力

兩千五百年前就存在的「動力開關」

◆透過創意表揚方法提升士氣

為了提升部屬的工作動力，提供獎勵是一種非常有效的方法。

其中一個典型方式就是「公司內部表揚制度」，例如「長期服務獎」等。近年來，針對年輕員工設計的獨特表揚制度也越來越多。

例如，有些企業設置了「快速成長獎」，這是為了表揚在提升工作生產力等方面作出貢獻的員工。每月一次，以投票選出得獎者。被選中的員工會受到全體同事的熱烈掌聲，讓人既害羞又開心。

還有一些公司推出了「讚美郵件」制度，得獎者會直接收到來自老闆的祝賀郵件。能夠收到社長親自發出的讚美郵件，對員工而言是一種極大的榮譽，令工作熱情倍增。

更有創意的是，還有公司特地為讚美他人的員工設立獎項，名為「讚美大臣獎」。這個獎是為了鼓勵那些擁有高超讚美技巧的員工。

如果公司內多了擅長鼓勵部屬的主管，員工的成長將更加自在且迅速。

◆戰國時代的「動力開關」

「明日且攻亭，有能先登者，仕之國大夫，賜之上田宅。」（內儲說上篇）

魏國的武侯任命吳起為西河地區的長官。當時，他希望清除邊境附近的一座敵方堡壘，於是發佈公告：「誰能第一個攻下敵方堡壘，將被授予大夫的地位，並獲得上等土地與住宅」。這項公告一出，士兵們爭先恐後地衝鋒陷陣，很快便攻下了這座堡壘。

早在兩千五百年前的戰國時代，領導者就已經掌握了激發士氣的「動力開關」。

有效利用「內部表揚制度」，可以提振員工的工作動力。

有利可圖就能讓部屬動起來

讓人動起來的原動力

◆團結一致完成目標

韓非子曾說過「人是為利益而行動的」。

在人性中，實際利益比表面說辭更具驅動力。若給予士兵豐厚的獎勵，即使面臨險境，他們也會奮勇向前。同樣地，企業中也會有「獎金制度」。

例如，設立「每月銷售目標達成時，全體團隊成員可獲得獎金」的規定。

這樣的制度能激勵團隊全力以赴，朝著共同目標邁進。針對個人，若依據簽約件數或銷售金額提供額外獎勵，員工將因為「多做多得」的獎勵機制，展現更高的工作效能。

也有企業選擇以旅行或額外休假等非金錢方式作為獎勵。例如，當團隊達成目標時，全體成員可共同參與旅行，這讓員工們可以一同說：「好！我們要一起到沖繩海邊游泳！」如此共同的夢想能凝聚士氣。

獎金制度的優勢在於目標明確，且能幫助員工維持穩定的工作動力。

當團隊的努力獲得公正的評價時，也能滿足員工對於認同感的需求。

然而，需要注意的是，過度競爭可能導致部分員工的動力下降，甚至引發內部人際關係的緊張，因此必須謹慎管理。

◆以獎勵巧妙激發人心

「然而婦人拾蠶，漁者握鱣。」（內儲說上篇）

鰻魚似蛇，桑蠶似毛蟲，讓人不敢觸碰。然而，若其背後藏有利益，婦人也會捏起桑蠶，漁夫也會徒手握住鰻魚。

利益就是驅使人行動的原動力。透過恰當地設計獎勵制度，企業領導者就能有效激勵團隊成員。

設有「獎勵制度」，即使辛苦員工也會全力以赴。

第10章

樹立新觀念

接受挑戰的人才能進化

停留原地，還是邁步向前？

◆唯有持續改變的人，才能成為勝利者

時代是瞬息萬變的。在令和時代的主力是Z世代；再往前則是「草莓族」、團塊二代、就業冰河期世代、泡沫經濟世代；而作者本人出生於一九六〇年，屬於「新人類世代」。**唯有能夠隨時代進化的人，才能成為勝利的一方。**

說到「想改變卻無法改變的人」，可用傳統功能型手機作為例子。二〇〇八年起，智慧型手機逐漸普及，如今絕大多數日本人都使用智慧型手機。

然而，仍有少數人堅持使用功能型手機。這些難以融入當今社群網路世界的人們，可能也難以跟上時代的腳步。

那麼，「無法改變的人」與「持續進化的人」之間的差異，究竟是什麼呢？

最大的差別在於，是否願意改變自己。那些勇於挑戰、相信「我一定能成功」的人，會不斷向前邁進；而害怕失敗、猶豫不決的人，最終將止步不前，無法持續成長。

◆能在新時代生存下來的人所具備的條件

「智者不乘推車。」（八說篇）

古代與現代所使用的工具大不相同。

在古代，人們鮮少紛爭且生活簡樸，因此，推著一台簡單的手推車，也能安穩過日。

然而，隨著時代演變，競爭與爭奪日益激烈，老舊的手推車已不敷使用。

如今，最先進的交通工具已經是飛行的汽車了。

能夠毫不猶豫地跨上這台新時代飛行車的人，才有機會進入全新的世界。

感到不安便裹足不前的人，是無法成長的。

打破既有的觀念

「模仿他人」是無法存活的

◆如何避免工作被ＡＩ取代？

想要在工作中取得成功，並且過上更豐富的人生，自由思考是不可或缺的能力。

東京銀座的壽司名店「數寄屋橋次郎」的傳奇主廚小野二郎曾說過：

「別人教的東西容易忘記，但自己努力偷學的技巧，將終生難忘。」

不要盲從他人的意見或作法，而是要經常抱持「這真的正確嗎？」的懷疑態度。

例如，有人說：「這道料理適合搭配黑胡椒。」但如果換個角度思考：「不，或許用柚子胡椒效果更佳？」反而能創造出各種風味的可能性。

隨著ＡＩ技術逐漸在職場普及，許多事務性的工作將被機器取代。在這樣的時代中，機械式照本宣科的員工將不再被需要。唯有那些**能打破固有觀念，提出嶄新想法與創新解決方案的人，才能在職場中立足並脫穎而出。**勇於思考「如果是我，我會怎麼做？」的獨特視角，將會直接影響你的工作成果與價值。

◆不模仿他人，用自己的頭腦思考

「見長者飲無餘，非斟酒飲也而欲盡之。」

（外儲說左上篇）

看見年長者喝酒時滴酒不剩時，年輕人自知不勝酒力卻勉強喝下，結果失態出醜。

韓非子的這段話想表達，盲目模仿他人，是毫無意義的行為。

效仿年長者固然能學到寶貴經驗，但這並不代表「完全複製」就是正確之道。

真正重要的，是透過觀察與學習後，用自己的頭腦思考，並做出符合自身情況的正確判斷。

自由發想各種事物的能力是非常重要的。

乘著時代的浪頭向前躍進

加速業務成長的管理之道

◆如何成功引導部屬發揮潛能

現今已進入了網際網路時代。

無論是IT化（資訊取得、儲存與傳遞技術）、DX化（以數位技術改革生活與商業模式），還是IoT化（萬物透過網路相連），無法適應這些趨勢的企業終將被市場淘汰。

以製造並銷售原創家具的S公司為例，過去主要仰賴地方客戶進行銷售。然而，隸屬於營業部的I先生提出了一個建議「我們何不建立一個電子商務網站呢？」

這項提案打破了S公司固守的傳統經營模式，也讓公司有機會透過全國性銷售擴大營收。營業部主管J先生意識到這個提案的潛力，立即向社長提出說明，並全力支持I主導這項創新專案。

I如魚得水，主動結合外部行銷專家的資源，全力投入這項新事業的推動。網站有一大優點，就是能自由展示多種使用情境。

I在網站的設計中發揮創意，針對不同消費族群打造了形象，如：「適合咖啡廳的家具」、「符合美容院風格的家具」。

網站成功設立後，也順利地接到了訂單。

一年後，S公司的商務網站也創下了歷史最高營收。

◆順應時代潮流，成就非凡

「飛龍乘雲。」（難勢篇）

這句成語出自韓非子。象徵著英雄抓住時代的浪潮，盡展才華，彷彿飛龍乘著雲朵，在天上飛舞。

若能引導部屬掌握時代的脈動，讓他們充分發揮潛能，勢必能帶動企業邁向更高的成就。

飛龍乘雲
英雄抓住時代的浪潮，
盡展才華。
掌握時代的脈動，
充分發揮潛能，
勢必能帶動企業邁向成功。

任職於製作、販賣
原創家具S公司的
I先生。
要不要設立電子銷售的網站呢？
上司J先生
J說服社長，
讓I主導
這項創新的專案。

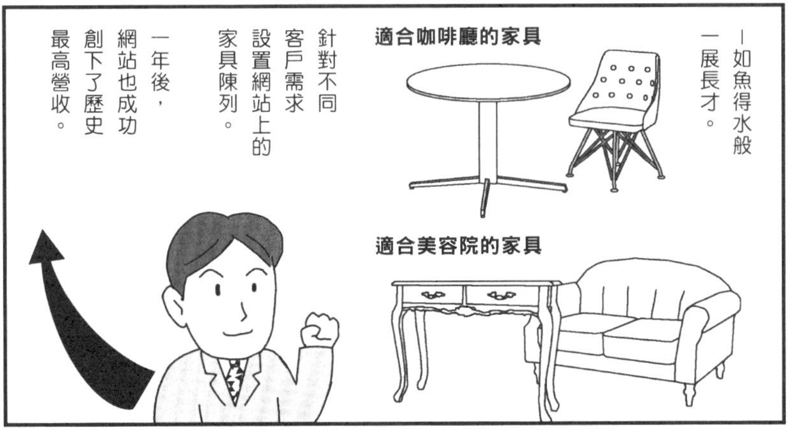
I如魚得水般
一展長才。
適合咖啡廳的家具
針對不同
客戶需求
設置網站上的
家具陳列。
一年後，
網站也成功
創下了歷史
最高營收。
適合美容院的家具

以「飛龍乘雲」之勢，推動業務發展。

洞悉時代的變化

優秀領導者的問題解決能力

◆培養洞察「看不見的問題」的能力

優秀的領導者，不僅能夠洞察到表面可見的問題，更能看穿潛藏的隱憂。

華倫・巴菲特（Warren Buffett）被譽為「投資之神」，其投資方式便體現了「效果導向思維」（Effectuation）」的概念。

效果導向思維，指的是在高度不確定的情況下，仍能洞悉時代與環境變化，並做出靈活且正確的決策。

例如，巴菲特曾長期持有航空公司股票，但在二〇二〇年毅然決定全面拋售。由於新冠疫情在全球爆發，他認為「預期三至四年內，航空旅客的數量難以恢復」。

計畫與目標應隨時代變化而調整，領導者面對眼前的挑戰時需具備隨機應變的能力。

◆如何為企業創造更多利益？

「君明而嚴則群臣忠。」（難四篇）

這句話的意思是「一位君主若能洞悉隱藏的問題，並果斷執行獎懲制度，群臣才會忠誠盡職」。作為國家的領導者，創造利益是最根本的職責之一。

舉例來說，有了完善的制度與嚴謹的管理，國家才能繁榮昌盛，人民也能安居樂業。為了打造幸福的國度，君主必須具備洞察「何處能產生利益？」的能力。在企業管理中亦是如此。若公司領導者能夠敏銳洞察「如何為公司創造最大利益？」並推動正確的決策與制度，企業自然能夠蓬勃發展，員工也能享有愉快又有活力的生活。

具備敏銳的洞察力，是優秀領導者必備的基本條件。

投資之神
華倫・巴菲特
以「效果導向思維」
進行投資。
效果導向思維是指，在高度不確定的情況下，仍能洞悉時代與環境變化，並做出靈活且正確的決策。
航空公司的股票
持有數十年，
卻在二〇二〇年
全數變賣。
新冠疫情
肆虐全球
三至四年內，航空旅客數量難以恢復。
領導者必須具備
看穿潛藏隱憂的能力。
君主最重要的職責之一就是創造利益。
公司領導者也必須能夠敏銳洞察「如何為公司創造利益？」

洞察能力與規範嚴明，是領導者的必備條件。

90

促進組織進化的領導者是什麼樣子？

為部屬提供發揮才能的舞台

◆成為「創新型領導者」

「創新型領導者」（Innovation Leader）指的是能夠為懷抱夢想與熱情的部屬，提供發揮才能舞台的領導者。

在許多日本企業中，普遍存在著壓抑部屬熱情的組織文化，例如：

「事不關己主義」、「部門主義」、「官僚主義」、「前例主義」、「判例至上主義」等，這些傾向常導致部屬選擇「消極避事」，以避免衝突與爭議。

創新型領導者正是與此相對的存在。

許多年輕員工入職時懷抱著遠大的夢想與希望，但當他們提出創新的想法時，卻常遭遇來自保守勢力的打壓與否定，最終選擇沉默，成為平庸的中堅員工。

但如果有創新型領導者介入，透過長期溝通與說服，讓高層管理者理解創新的價值，並為那些勇於突破的員工創造表現舞台，公司便能持續進化。

◆沒人會追隨不努力的上司

「人主不自刻以堯而責人臣以子胥，是幸殷人之盡如比干。」（安危篇）

堯，是中國傳說中的賢明聖君，而伍子胥則是效忠吳王並擊敗楚國的名將。

在現實中，有些上司自身缺乏努力，只懂得向部屬發號施令。沒有部屬會願意追隨這樣的領導者。

若想在事業上取得成功，領導者必須以身作則，率先提升自身的專業技能與領導能力。

日本企業的組織文化經常澆熄部屬的熱情。
事不關己主義
消極避事
前例主義
部屬的熱情
年輕員工抱著遠大的夢想與希望入職。
被打壓、摧毀。
創新想法
創新想法
反正都會被上面駁回…
創新的想法被打壓與否定，最終成為平庸的員工。
創新型領導者
說服保守陣營，為那些勇於突破的員工創造表現舞台。
公司得以持續進化。

持續累積創新領導的技能吧。

從高處與廣角視野觀察全局

「宏觀思維」、「趨勢思維」、「微觀思維」

◆經營管理中不可或缺的「三種視角」

成功的經營者需要具備三種不可或缺的視角。

第一個是「鳥之眼」。像鳥兒從高空俯瞰地面，以寬廣的視野掌握全局，觀察整體發生了什麼變化。這是一種強調觀察大局的「宏觀思維」。

第二個是「魚之眼」。如同魚能敏銳感知潮流的變化，懂得如何順勢而為。這是洞察時代潮流與市場趨勢的「趨勢思維」。

第三個是「蟲之眼」。像昆蟲貼近地面爬行，能洞察細節，熟知每個微小的細節。這是強調掌握現場實際狀況的「微觀思維」。

有句話叫「只見樹木不見林」。但在經營管理中，既要能看清細節，也要能鳥瞰整體。

同時，也別忘了要敏銳察覺時代的變化，乘著浪潮向前。

◆偶爾也要俯瞰自己的行動

「彘臞，人乃弗殺。」（說林下篇）

在一次祭典上，一頭準備被做成烤全豬的豬身上寄生著許多蝨子。蝨子為了爭奪更好的吸血位置而相互爭吵不休。然而，當牠們意識到，如果豬被殺死並烤熟了，那麼牠們也會失去生存的根本，便放下了爭執，團結起來一起吸血。結果，豬因為被大量吸血而消瘦，最終逃過了被烤全豬的命運。

這個故事告訴我們：以蝨子的角度來看，若被其他蝨子搶走更好的吸血位置確實可惜。

但是，若可以吸血的豬隻沒了，無論是哪隻蝨子都無法生存下去。

適時跳脫當下的細節與爭端，也是很重要的。

有時候從更高的視角審視自己的行動，才能真正做出正確的決策。

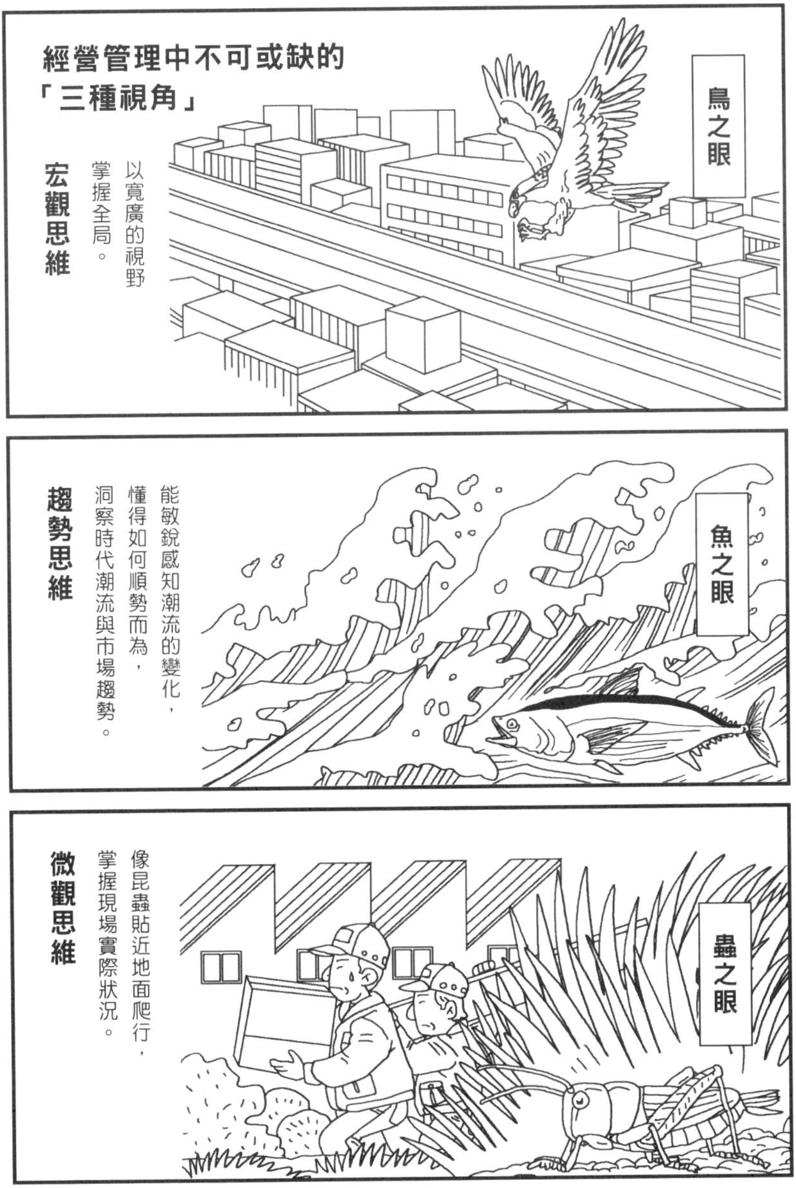
經營管理中不可或缺的
「三種視角」
鳥之眼
以寬廣的視野掌握全局。
宏觀思維
魚之眼
能敏銳感知潮流的變化，懂得如何順勢而為，洞察時代潮流與市場趨勢。
趨勢思維
蟲之眼
像昆蟲貼近地面爬行，掌握現場實際狀況。
微觀思維

為了避免「只見樹木不見林」的情況，要綜觀整體。

92

捨小就大

不要擔心輕微的損失

◆「最終勝利」的圍棋策略

圍棋中有一句話：「捨小就大」，意思是捨棄小利益以獲取更大的利益。

與將棋（日本象棋）透過活用棋子的移動來攻擊對方「王將」不同，圍棋的勝負取決於最終在整體局面中所佔據的領地面積。當優勢明顯時，即使有些微損失，也應穩健落子，確保勝勢不被逆轉。

當在A點或B點落子之間猶豫時，圍棋的重點不在於「如何奪取眼前的棋子」，而是從全局視角考慮「哪個選擇能創造更大的價值」。**這種「最終勝利」的思維方式同樣適用於商業領域。**

在日常業務中，我們往往會因眼前的小挫折而沮喪，例如：

「A公司拒絕簽約」。

「B團隊未能達成銷售目標」。

但這時應該先想想：「我目前正在從事的工作，能為公司創造什麼價值？」

正如圍棋中即使失去小範圍的地盤，只要最終掌控的領地較多仍能獲勝一樣，**在人生與商業上，也應成為能夠「捨小取大」的人。**

◆捨棄對大局無關緊要的事物

「愛棄髮之費，而忘長髮之利，不知權者也。」（六反篇）

韓非子曾說：「洗頭髮會導致掉髮，但同時也能促進頭髮健康生長。如果因害怕掉髮而不洗頭，反而阻礙了頭髮的成長，是種愚蠢的行為」。

這一智慧同樣適用於企業經營。唯有果斷放棄對大局無關緊要的事物，**專注於真正必要的資源與策略，才能引領事業走向成功。**

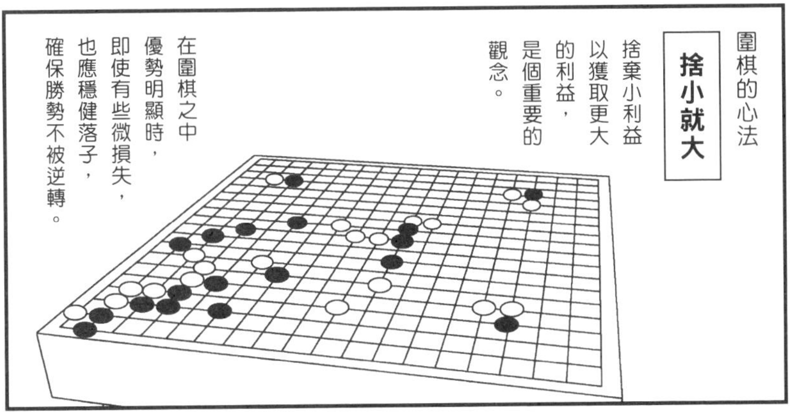
圍棋的心法
捨小就大
捨棄小利益以獲取更大的利益，是個重要的觀念。
在圍棋之中優勢明顯時，即使有些微損失，也應穩健落子，確保勝勢不被逆轉。

日常工作中，我們經常被眼前的業務侷限。
A公司拒絕簽約。
B團隊未能達成銷售目標。
被眼前的事物絆住，失去方向。

我目前正在從事的工作，能為公司創造什麼價值？
對大局無關緊要的事物，唯有果斷放棄專注於真正必要的資源與策略，才能引領事業走向成功。

能在大局中佔有優勢時，多少損失一些也無所謂。

將長處發揮到極致

抱著「拋棄自我」的覺悟

◆培養領導者，而非追隨者

優秀的上司總是試圖發揮自身的長處來完成工作，但這種做法往往無法帶動事業的成長。**真正促進事業發展的關鍵，是能夠「捨棄自我」，專注於發掘並發揮部下的長處。**

在東京總部家電銷售部門中創下頂尖銷售紀錄的A先生，因為出色的業績，被提拔為大阪分公司的銷售部長。他肩負著「帶領低迷的大阪分公司業績成長」的重任。

大阪分公司的員工們對A的輝煌成績讚譽有加，並對其寄予厚望。然而，A卻十分苦惱。因為他過去的成功，是源於曾經的銷售冠軍對他全力支持與栽培。領導者應該培養的是下一代的領導者，而非敬佩自己的追隨者。

擔任大阪分公司銷售部長後，A決定不再直接對部屬下達指示。

相反地，他選擇花時間傾聽每位部屬的想法，引導每位部屬自行探索最適合的銷售方式，並提供適時的支持與指導。結果，在短短半年內，由A領導的大阪分公司，業績成長了1.5倍。

但最令人驚訝的改變，並非僅是業績的提升，而是部下的工作態度。原本習慣被動等待指示的部屬開始懂得主動思考與行動。

◆專注於發掘並發揮部下的長處

「上有所長，事乃不方。」（揚權篇）

當領導者過於強調自身的能力，團隊就會難以順暢運作。

花費時間與心力，協助每位成員發揮所長，讓團隊共同成長茁壯，才是真正值得尊敬的領導者風範。

東京總部的家電銷售部創下頂尖銷售紀錄的A先生
希望你能帶領低迷的大阪分公司業績成長！
在大阪分公司
A不對部屬下達任何指令。
而是花時間傾聽每位部屬的想法，引導他們探索最適合的銷售方式，並提供支持與指導。
在短短半年內，業績就成長了1.5倍。
領導者應培養下一代領導者，而非追隨者。
當領導者過於強調自身的能力，團隊就會難以順暢運作。

領導者應抱著「拋棄自我」的覺悟。

跳脫陳舊的框架

你是否被名為常識的枷鎖束縛呢？

◆透過「跳脫框架」開創新道路

在開展新事業時，最需要的思維是「跳脫框架」。被舊有的觀念與既定框架束縛，只會將自己侷限在狹小的世界裡，錯失更多可能性。

一旦擁有自由且靈活的發想，就能夠開拓全新的道路與機會。

以自動販賣機為例，過去的自動販賣機僅用於販售飲料與香菸。然而，近年來，各種創新的販賣機層出不窮。例如，讓顧客能夠隨時享用甜點店蛋糕的「蛋糕罐」販賣機，或是針對送禮需求的「手錶」與「鮮花」專用販賣機，還有附帶試香功能的「香水」販賣機。

另一個例子是F先生的農業轉型故事。

辭去服飾店店長的工作，選擇回鄉繼承家族農場的F看到了農業衰退所帶來的機會。

因為務農人口減少，產生很多可以免費使用的閒置土地。他利用大型農業機械建立了高效的量產系統，年薪超越了普通上班族。

此外，他將自家生產的蔬菜與水果透過自動販賣機與網路銷售，成功吸引到新的消費群體。

這些成功案例都證明，**只要打破固定觀念勇於跳脫框架**，即使是衰退產業也能重獲生機。

◆培養洞察現實的眼光

「是以聖人無常行也。」（喻老篇）

韓非子所處的時代，正值春秋戰國時代到秦朝的轉換之際。因此，他深刻查覺到，若固守舊有框架，只會導致失敗。

我們應該培養洞察現實的眼光，相信自己，並果斷做出決定。

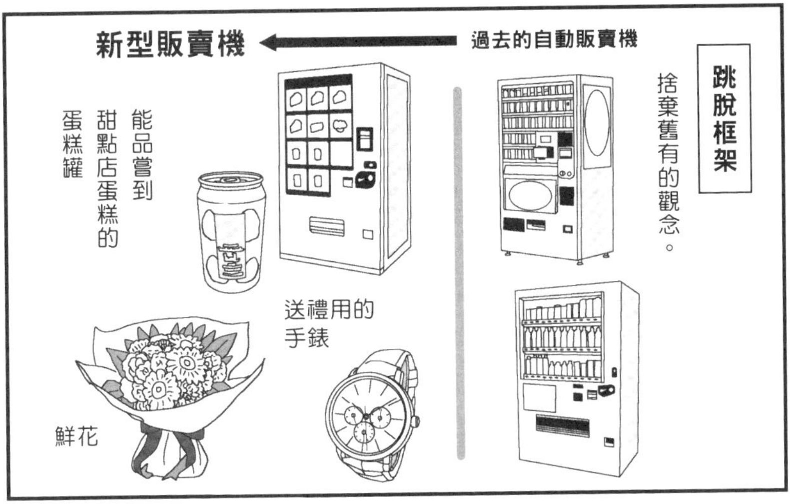
跳脫框架
捨棄舊有的觀念。
過去的自動販賣機
新型販賣機
能品嘗到甜點店蛋糕的蛋糕罐
送禮用的手錶
鮮花

辭去服飾店店長的工作，選擇回鄉繼承家族農場的F先生。
農業是有發展性的。
可以免費使用閒置土地。

建立可以大量生產的系統。
生鮮蔬果販賣機
網路銷售
不受固有觀念束縛，才能獲得成功。
智者不會拘泥於固定不變的行動方式。

擁有自由的思考方式，就能夠開拓全新的道路。

結語——別忘了「歷史會不斷地重演」

《韓非子》全書共55篇，約十萬字，文中記載了許多《史記》中流傳的詞彙。例如：「矛盾（＝自相互斥的行為）」、「觸碰逆鱗（＝觸怒上位者）」、「如虎添翼（讓惡人更加強大）」、「隄潰自蟻穴（＝小疏忽可能引發重大災難）」、「守株（＝即「守株待兔」）」。

即使時隔兩千五百年，這些智慧依然對我們的行為與思維提供了深刻的警示。

秦王・政（後來的秦始皇）是《韓非子》的死忠讀者，對其思想深受感動，因此當韓非作為使者來到秦國時，特意接見他。

甚至有文獻記載，秦王曾說：「若能與韓非對談，死而無憾」。

然而，這次任官卻成為韓非一生的悲劇。

韓非與法家名臣李斯同為荀子的弟子。

李斯早已深知老友韓非的才華，卻擔心「韓非任官會威脅自己的權力地位」。

因此，李斯對秦王進讒言，導致韓非被關進了監獄。

最終，李斯親自送上毒藥，韓非被迫自盡。

秦王政最推崇的《韓非子》篇章，是〈孤憤〉與〈五蠹〉。諷刺的是，這兩篇的主旨分別是「批評懷有邪惡之心、追求私利的臣子」和「諷刺縱容這些奸臣的愚蠢君主」。

秦王雖熟讀《韓非子》，卻依舊與書中的理論背道而馳，實施了殘酷的暴政。

韓非死後，秦王也統一了中國。

而支撐起這一切的，正是韓非主張的法治制度。

秦始皇實行了郡縣制，由中央直接派遣官員治理地方，確立了強大的中央集權體制。

韓非的思想深遠地改變了中國的統治結構。

古希臘歷史學家修昔底德曾說：「歷史總是不斷重演。」

從《韓非子》中，我們不僅能學習到人生的嚴酷法則、企業管理智慧，更應引以為鑑，依靠自己的判斷，避免重蹈秦始皇的覆轍。

於沖繩縣　百名伽藍

出版人　吉田浩

◉**参考文献**

『韓非子のことば』（宇野茂彦／発行：斯文会　発売：明徳出版社）

『人を自在に動かす武器としての「韓非子」』（鈴木博毅／プレジデント社）

『「韓非子」を見よ！』（守屋洋／三笠書房）

『知識ゼロからのビジネス韓非子』（前田信弘／幻冬舎）

『コンテンポラリー・クラシックス　韓非子　人を動かす原理』（前田信弘／日本能率協会マネジメントセンター）

『組織サバイバルの教科書韓非子』（守屋淳／日経ＢＰマーケティング）

『「韓非子」に学ぶリーダー哲学』（竹内良雄・川﨑享／東洋経済新報社）

『非情のススメ　超訳　韓非子』（永井義男／辰巳出版）

[作者簡介]

吉田 浩（Yoshida Hiroshi）

童話作家，出版負責人。

1960年12月11日出生於新潟縣六日町。畢業於日本法政大學，青山學院大學研究所。親自執筆的童話及商業書籍約200本。代表作為《日本村100人の仲間たち》（辰巳出版等），銷售紀錄46萬冊。

40年來參與了2600本書籍的出版、製作，包括6本銷售量超過百萬的暢銷書，其中2本是《低インシュリンダイエット》和《動物キャラナビ》，累積銷售量分別為160萬冊和450萬冊。此外，還有68本書的銷售量超過10萬冊。

【出版方面的社會企業】

創立NPO法人「企画のたまご屋さん」，並擔任會長。另創立以學生為主的暢銷書出版會「PICASO」，以及以大學生為主的全國性出版大會「出版甲子園」。

【講師經歷】

「日本早稻田大學Open College」、「編輯學校‧文章學校」、「朝日Culture Center」、「日本國際商業大學」等。

[監修者]

渡邉義浩（Watanabe Yoshihiro）

1962年出生於東京都，文學博士。

擔任早稻田大學常任理事及文學學術院教授，學校法人大隈紀念早稻田佐賀學園理事長及校長。

專攻「古典中國」研究。

主要著作有《後漢国家の支配と儒教》（雄山閣出版）、《三国政権の構造と「名士」》、《後漢における「儒教国家」の成立》、《西答「儒教国家」と貴族制》、《「古典中国」における文学と儒教》、《三国志よりみた邪馬台国」（以上為汲古書院出版）、《「三国志」の政治と思想》、《儒教と中国一「二千年の正統思想」の起源》（前兩者為講談社選書）、《三国志の女性たち》、《三国志の舞台》（前兩者為山川出版社）、《関羽一神になった「三国志」の英雄》（筑摩選書）、《三国志一演義から正史、そして史実へ》、《魏志倭人伝を読む》（前兩者為中公新書）、《三国志一英雄たちと文学》（人文書院）、《三国志事典》（大修館書店）等。

譯作《全譯後漢書》（全十九巻，汲古書院）曾獲得大隈紀念學術獎。

[插畫]

Tsuda Yumi

漫畫家，愛媛縣出身，畢業於廣島大學文學部。

1990年以四格漫畫出道。擅長以漫畫詮釋歷史、商業、哲學與知識領域的主題。

主要作品為《決定版 孫子の兵法がマンガで3時間でマスターできる本》、《相続のことがマンガで3時間でわかる本》（以上為明日香出版社）、《わかる古事記》、《わかる日本書紀》、《能の本》（以上為西日本出版社）及《老いた親との上手な付き合い方》（SB Creative）等。

http://tsuda-yumi.jp/

・漫畫版・

3小時讀懂韓非子

經典文學中的人才管理之道

出　　版／楓樹林出版事業有限公司
地　　址／新北市板橋區信義路163巷3號10樓
郵政劃撥／19907596 楓書坊文化出版社
網　　址／www.maplebook.com.tw
電　　話／02-2957-6096
傳　　真／02-2957-6435
作　　者／吉田浩
監　　修／渡邉義浩
翻　　譯／徐瑜芳
責任編輯／陳亭安
內文排版／洪浩剛
港澳經銷／泛華發行代理有限公司
定　　價／420元
出版日期／2025年5月

國家圖書館出版品預行編目資料

漫畫版 3小時讀懂韓非子：經典文學中的人才管理之道／吉田浩作；TsudaYumi插畫；徐瑜芳譯. -- 初版. -- 新北市：楓樹林出版事業有限公司, 2025.05　面；公分

ISBN 978-626-7499-90-0（平裝）

1. 韓非子 2. 研究考訂

121.677　　114003815